DuMont Dokumente:

eine Sammlung von Originaltexten,
Dokumenten und grundsätzlichen Arbeiten
zur Kunstgeschichte, Archäologie,
Musikgeschichte und Geisteswissenschaft

Peter Nau

Zur Kritik des Politischen Films

6 analysierende Beschreibungen
und ein Vorwort ›Über Filmkritik‹

Fotos: Michael Gregor

DuMont Buchverlag Köln

für Gisela Müller

CIP-Kurztitelaufnahme der Deutschen Bibliothek

Nau, Peter
Zur Kritik des politischen Films : 6 analysie-
rende Beschreibungen u. e. Vorw. »Über Film-
kritik«. – Köln : DuMont, 1978.
   (DuMont-Dokumente)
   ISBN 3-7701-1053-6

© 1978 DuMont Buchverlag, Köln
Alle Rechte vorbehalten
Druck: Gebr. Rasch & Co., Bramsche

Printed in Germany   ISBN 3-7701-1053-6

Inhalt

Über Filmkritik 7

Die Machtergreifung Ludwigs XIV. (Rossellini) 11
Das neue Babylon (Kosintzew/Trauberg) 33
La Marseillaise (Renoir) 54
Sein oder Nichtsein (Lubitsch) 81
Nicht versöhnt
oder Es hilft nur Gewalt wo Gewalt herrscht (Straub) 103
Geschichten von Franz und seinen Freunden (TV-Serie) 141

Vorspanndaten 156
Nachbemerkung 164

»Übersichten des Ganzen, wie sie jetzt Mode sind, entstehen, wenn einer alles Einzelne übersieht, und dann summiert.«

(Friedrich Schlegel)

Ein Stoff muß sich selbst behandeln, um behandelt zu sein

(Novalis)

Über Filmkritik

Die ersten Filme, für die ich ein lebhaftes Interesse empfand, waren amerikanische Gangster-, Polizei- und sonstige Kriminalfilme. Mein Lieblingsschauspieler war Jack Palance[1]. Meine Aufmerksamkeit war absorbiert von der äußeren Erscheinungsweise der Filme, den Personen und Schauplätzen. Umsonst der Versuch, nach der Vorstellung, das Illustrierte Filmprogramm lesend, die Handlung zu rekonstruieren. Ein einziger Satz, eine Formulierung, nahmen mich so in Anspruch, daß die Story des Films sich für immer vor mir verbarg. Jack Palance, »die Ausgeburt der Unterwelt einer Hafenstadt«, empfand ich als genialische Bezeichnung seiner satanischen Würde. Die Texte der Programmschreiber waren biblische Offenbarungen. Mein Glaube an sie war so unantastbar wie der an die Filme.

Ich hatte schon Hunderte von Krimiheftchen gelesen und ebenso viele Filme gesehen, ohne daß ich von der Lebenswirklichkeit, zu der sich diese fiktiven Wirklichkeiten verhielten, irgend etwas wußte oder verstand. Die Intrigen zwischen den Gangs untereinander, der korrupte Politiker, wie der Polizeiapparat funktioniert, diese Phänomene blieben mir undurchschaubar. Die Vertrautheit mit den Filmen war eine Vertrautheit mit Synchronstimmen, mit Fox' Tönender Wochenschau vor dem Anfang und mit dem einsam sterbenden Gangster am Ende. Der erhobene Zeigefinger des »Verbrechen zahlt sich nicht aus« war *Bestandteil* dieses tragischen Schicksals. Weit davon entfernt, mich gegen solche moralisierende Konvention zu sträuben, sie als aufgesetzt zu betrachten, empfand ich sie als unmittelbar identisch mit dem Mythos vom Gangster, und der warnende Schlußtitel war mit eingeschlossen in meine Liebe zu diesen Filmen.

Das alles spielte sich in ein und demselben Kino meiner Heimatstadt ab. Es war das verrufenste am Platz, und der Mann mit der Desinfektionspumpe war keine Erfindung. An einer Häuserwand auf dem Weg zu diesem Kino hing der Schaukasten mit den Kritiken vom Katholischen Filmdienst. Ich liebte auch diese Kritiken. Nicht wegen der Argumente als inhaltlich aufgefaßtem Für und Wider, sondern aus dem Bewußtsein von ihnen als einem *Bestandteil* desselben Stoffes, aus dem die Träume waren:

die Filme. Im Lob und Tadel, in der Befürwortung und Ablehnung spiegelte sich der moralische Rigorismus der Filme wider, der in ihnen waltende Kampf zwischen dem Guten und dem Bösen.

Die Aufmerksamkeit für Kritiken, wie das Filmesehen, ist ursprünglich ununterschiedener Teil unserer allgemeinen Welterfahrung. Wie zu den materiellen Gegebenheiten der Umwelt ist unser Verhältnis zu den geistigen Hervorbringungen ungebrochen positiv. Nicht, was die Filmemacher und Kritikenschreiber von diesem und jenem für eine Meinung haben, entnehmen wir ihren Produkten, sondern deren reines Fürsichsein, in seiner Andersartigkeit und Fremdheit gegenüber unserer engen, vertrauten Welt, eröffnet sich ganz und gar dem naiven Empfinden. Wenn heute, mehr als früher, sich Leute *des Mediums Film annehmen,* um aufzuklären, dann sind sie darin Erwachsene, die nie eine Jugend gehabt haben.

Jenes verschwenderische Filmesehen, das ins Leben eingeht wie die Musik, die man zu den Schularbeiten hört. Aus den Filmen entnommene Leitbilder und sich in Filmbilder verwandelnde Wirklichkeit.[2]

Frühes Angewiesensein, das in der Kunst enthaltene Versprechen auf ein sinnvolles Leben ernst zu nehmen. Am Tage mit *Büchern* handelnd, kam ich erst abends dazu, in einem *Buch* zu lesen. Die Versenkung ins Einzelwerk war vermittelt über die tagtägliche Erfahrung eines durch die Optik des Marktes gebrochenen Kulturzusammenhangs. Solcher Disposition entsprach die *Filmkritik.*[3] Einerseits hatte sie selbst, in ihrer Totalität, jenen Charakter des Einzelwerks. Die Beiträge waren, obwohl ab dem zweiten Jahrgang mit Namen gezeichnet, in einem tieferen Sinne anonym, apodiktisch und objektiv. Es war die Objektivität einer für alle Autoren verbindlichen kritischen Theorie.[4] Andererseits war die Artikulation dieser Theorie durchdrungen und veranlaßt vom pädagogischen Impuls, den Lesern die *Filmkultur* nahezubringen.[5] Zwei komplementäre Tendenzen, eine kritische und eine affirmative, innerhalb ein und desselben Sachgehalts. Der Lehrling und Angestellte sah seine Interessen, »auch wo er unrecht hatte«[6], in der *Filmkritik* vertreten, und gleichzeitig machte er sich deren Bildungsanliegen zu eigen.

Ein anderer Held meiner frühesten Kinojahre war Alan Ladd.[7] Wie viele Filme mit ihm in der Hauptrolle gesehen! Zufällig, weil mich solche Titel anlockten wie *Gangsterfalle, Rauhe Ernte, Todesfalle von Chicago, Das Brandmal, Blutige Straße, Geheime Fracht.* Nur weniges damals bewußt als Einzelwerk wahrgenommen: *Endstation Sehnsucht,* mit Marlon Brando und Vivien Leigh, oder *Lohn der Angst,* mit Folco Lulli. Der Regisseur, als Autor, war mir kein Begriff. Aber die Kunstfilme später, in den Filmclubs und Repertoirekinos, haben mich merkwürdigerweise nicht weniger stark ergriffen. Carné- und de Sica-Filme sehen war so wie Mauriac oder Graham Greene lesen. Viel vom französischen Vor- und vom italienischen Nachkriegsfilm – durch Kinogehen und durch Lektüre – zu erfahren, war wichtig, um tiefer in das Wesen der Filme einzudringen. Bildungs- und naive Erlebnisinhalte durchdrangen und bereicherten sich gegenseitig.

Von solchem positiven Auffassen seines Gegenstandes ist *der Filmkritiker,* auch da wo er einen Film lobt, am weitesten entfernt. Die vom Feuilleton geforderte *Beurteilung* des Kunstwerks belastet den Kritikbegriff mit jener äußerlichen Negativität, die aus der Entgegensetzung von kritisierendem Subjekt und kritisiertem Objekt entspringt. Sie ist die Quelle der Unsicherheit, die zum Anpassungszwang an die Koryphäen führt. Eine Art ästhetische Norm als die durchschnittliche öffentliche Meinung, repräsentiert und geprägt von der Gesamtheit der Kritiker, setzt sich hinter ihrem Rücken und dem ihrer Leser durch. Die Leute beginnen, fremd und losgelöst von ihren ureigensten Erfahrungen, auf Kunst zu reagieren. In der Abhängigkeit des Lesers vom Kritiker spiegelt sich die des Kritikers, der Angst hat, nicht auf dem laufenden zu sein.

Die vorliegenden Kritiken sind aus dem Impuls entstanden, die wiederholte und stets neu herbeigewünschte Begegnung mit den Filmen zu vergegenwärtigen. Es ist diese Begegnung, als Konsumtion der Filme, in der sich deren Produktion erst vollständig realisiert.[8] Was die Filme in mir in Bewegung setzen und sich als *Reflexion* in den Texten niederschlägt, ist insofern Bestandteil einer Kritik, die ihr Gegenstand an sich selbst entfaltet. Keine von der Erfahrung des Sehens und Hörens der Filme abgesonderte Meinung über sie. So geht in die Kritiken, insofern sie die Filme *beschreiben,* auch das ein, was innerhalb der spezifischen Inhalte und Aussagen die entschiedene Negativität darstellt zum Faktischen eines Gesellschaftszustandes, aus dem das Bedürfnis nach Filmen hervorgeht: »... deren reines Fürsichsein, in seiner Andersartigkeit und Fremdheit gegenüber unserer engen, vertrauten Welt ...«.

1 Palance, Walter (Jack), amerikanischer Filmschauspieler, meist in »häßlichen« Charakterrollen. Geb. 18. 2. 20 Lattimer (Pa., USA). Zuerst Berufsboxer. Während des 2. Weltkriegs in der US-Luftwaffe. Kriegsverwundet vorzeitig entlassen. Theater am Broadway *(A streetcar named desire).*
Aus: Wir vom Film. 1300 Kurzbiographien aus aller Welt mit rund 10 000 Filmtiteln. Hrsg. von Charles Reinert. Freiburg im Breisgau 1960.

2 »So erzählt z. B. Goethe in *Dichtung und Wahrheit* folgendes hierher gehörige Beispiel. ›Als ich (nach einem Besuche der Dresdner Galerie) bei meinem Schuster wieder eintrat‹ – bei einem solchen hatte er sich aus Grille einquartiert –, ›um das Mittagsmahl zu genießen, traute ich meinen Augen kaum: denn ich glaubte ein Bild von Ostade vor mir zu sehen, so vollkommen, daß man es nur auf die Galerie hätte hängen dürfen. Stellung der Gegenstände, Licht, Schatten, bräunlicher Teint des Gan-

9

zen, alles, was man in jenen Bildern bewundert, sah ich hier in der Wirklichkeit. Es war das erste Mal, daß ich auf einen so hohen Grad die Gabe gewahr wurde, die ich nachher mit mehrerem Bewußtsein übte, die Natur nämlich mit den Augen dieses oder jenes Künstlers zu sehen, dessen Werken ich soeben eine besondere Aufmerksamkeit gewidmet hatte. Diese Fähigkeit hat mir viel Genuß gewährt, aber auch die Begierde vermehrt, der Ausübung eines Talents, das mir die Natur versagt zu haben schien, von Zeit zu Zeit eifrig nachzuhängen.‹« Hegel, Vorlesungen über die Ästhetik III. Frankfurt am Main 1973. S. 82.

3 Filmkritik. Monatsschrift. Frankfurt am Main 1957–1969. München 1970–
Die *Filmkritik,* die hier gemeint ist, ist die der Jahre 1957–63.

4 Kritische Theorie (eigtl. K. Th. der Gesellschaft), gesellschaftsphilos. Richtung, zuerst von M. Horkheimer 1937 so bezeichnet; verbindet soziolog., ökonomisch-hist., psychol. und philos. Forschungsbemühungen zu einer Analyse der Ges. (mit Relativierung der angeblich ›natürlichen‹, unveränderl. Strukturmerkmale des Kapitalismus) und dialektischen (d. h. ihre Widersprüche aufdeckenden) Gesellschaftstheorie. Durch ihre Kennzeichnung der spekulativen Philos. (in Anlehnung an K. Marx) als Ausdruck bestimmter Bewußtseinslagen bzw. gesellschaftl. Interessen einerseits und durch die Wendung gegen den Positivismus der modernen Wissenschaft andrerseits vertritt die K. Th. den Anspruch der Aufklärung im Sinne von geistiger, humaner Emanzipation und der Bemühung um gesellschaftspolit. Ver-

änderungen. Vertreter der K. Th. ist vor allem die Frankfurter Schule (bes. M. Horkheimer, Th. W. Adorno, H. Marcuse und J. Habermas). Die K. Th. gewann großen Einfluß auf die amerik. und ab 1950 auf die dt. Soziologie, ebenso – in den 60er Jahren – auf die Studentenbewegung, die sich aber, vor allem wegen des zwiespältigen Verhältnisses der K. Th. zur polit. Praxis, wieder von ihr lossagte.
Aus: Das große Fischer-Lexikon in Farbe. 20 Bände. Frankfurt am Main 1975, 1976.

5 Vgl. das heute noch für den deutschen Sprachraum gültige Standardwerk: Ulrich Gregor / Enno Patalas, Geschichte des Films. Gütersloh 1962.

6 Der erste Satz in der ersten Nummer von *Filmkritik* lautet: »Wir wollen es mit Walter Benjamin halten: Das Publikum muß stets unrecht erhalten und sich doch durch den Kritiker vertreten fühlen.«

7 Ladd, Alan, amerikanischer Filmschauspieler. Geb. 3. 9. 13 Hot Springs (Ark., USA). Meisterschwimmer, Reporter, Reklamefachmann, Verkäufer. Als Statist zum Film. In seinen Anfängen bei der UI und der Warner Bros. in kleinen Chargenrollen.
Aus: Wir vom Film. a. a. O.

8 »Die Produktion vermittelt die Konsumtion, deren Material sie schafft, der ohne sie der Gegenstand fehlte. Aber die Konsumtion vermittelt auch die Produktion, indem sie den Produkten erst das Subjekt schafft, für das sie Produkte sind. Das Produkt erhält erst den letzten finish in der Konsumtion.« Karl Marx, Grundrisse der Kritik der politischen Ökonomie. Frankfurt am Main und Wien. Fotomechanischer Nachdruck. o. J. S. 12.

Die Machtergreifung Ludwigs XIV.

»Die zentralisierte Staatsmacht, mit ihren allgegenwärtigen Organen – stehende Armee, Polizei, Bürokratie, Geistlichkeit, Richterstand, Organe, geschaffen nach dem Plan einer systematischen und hierarchischen Teilung der Arbeit – stammt her aus den Zeiten der absoluten Monarchie, wo sie der entstehenden Bourgeoisgesellschaft als eine mächtige Waffe in ihren Kämpfen gegen den Feudalismus diente. Dennoch blieb ihre Entwicklung gehemmt durch allerhand mittelalterlichen Schutt, grundherrliche und Adelsvorrechte, Lokalprivilegien, städtische und Zunftmonopole und Provinzialverfassungen. Der riesige Besen der Französischen Revolution des 18. Jahrhunderts fegte alle diese Trümmer vergangner Zeiten weg und reinigte so gleichzeitig den gesellschaftlichen Boden von den letzten Hindernissen, die dem Überbau des modernen Staatsgebäudes im Wege gestanden.«[1]

Der Film ist eine Produktion des französischen Fernsehens ORTF.

Die historischen Ereignisse, auf die er sich bezieht, haben sich im Jahre 1661 zugetragen:

Am 9. März stirbt zwischen zwei und drei Uhr morgens mit 59 Jahren Kardinal Mazarin im Schloß von Vincennes.

Ludwig, 23 Jahre alt, beruft die Minister für den folgenden Tag zu einer Sitzung in den Louvre, wo er – zur allgemeinen Überraschung – seinen Willen kundgibt, die Regierungsgeschäfte, die bisher in der Hand des Kardinals lagen, selbst zu übernehmen.

Er versichert sich, wie es ihm Mazarin geraten hatte, der Dienste von Jean-Baptiste Colbert, den er dem Oberintendanten der Finanzen, Nicolas Fouquet, zur Seite stellt. Im Sommer scheitert eine Intrige Fouquets gegen den König, der ihn am 5. September in seiner eigenen Provinz, zu Nantes, verhaften läßt. Zusammen mit Colbert entwirft Ludwig ein rigoroses politisches Programm:

Trennung des Adels von der Bourgeoisie, Bindung der Aristokratie an den Hof, Entwurf einer verpflichtenden Etikette, die das einzige sein soll, »worüber der Adel sich den Kopf zerbricht«. »Das Schloß meines Vaters soll der Tempel der Monarchie werden.«

Ein Epilog blendet über ins Jahr 1682. Aus Ludwig ist der Sonnenkönig geworden. Zu Versailles, seine eigene Person als Schauspiel darbietend, vollendet er seine Machtergreifung.

Der Film beschreibt seinen Gegenstand als eine Szenenfolge ohne Zwischentitel und gesprochenen Kommentar, ganz aus der Unmittelbarkeit des dargestellten Geschehens heraus. Die einzelnen Episoden sind, wie Szenenbilder auf der Bühne, deutlich voneinander abgesetzt. Gleichzeitig sind sie Momente in einem Prozeß der Handlungsführung, der seine Impulse deutlich von der vorhergehenden auf die nachfolgende Szene überträgt.

Das Moment der Trennung in diesem Zusammenhang besagt, daß die einzelne Szene, in ihrer Besonderheit zu sich selbst kommend, unbelastet durch die aus der Gesamthandlung des Films resultierende allgemeine Aussage, zusätzliche Bedeutungen produziert.

Das verbindende, die einzelnen Teile zur Kontinuität der Handlung weitertreibende Moment, ist geprägt von der Biographie des ›Helden‹, des jungen Königs, dessen Worte »... es muß aus diesem Staat eine Wirklichkeit werden ...« sich am Ende erfüllt haben.

Der Film besitzt eine Art pastorale Ouvertüre.

An einer idyllischen Flußwindung vor den Toren von Schloß Vincennes stehen Leute beisammen.

»Du kommst spät. Die Sonne ist längst aufgegangen«,

ruft ein Mann einer Frau entgegen, die sich zu der Gruppe gesellt. Es wird vom König geredet und, als zwei Ärzte vorbeireiten, die nach Vincennes wollen zu Mazarin, sagt jemand:

»Sind wir einmal krank, dann kommt nicht einmal der Bader zum Aderlaß.«

In diesem Prolog, dessen Szenerie des ungezwungenen Beieinanderstehens einfacher Leute an einem lieblichen Fleckchen Erde ihn abscheidet von der eisigen, durch Rituale geprägten Sphäre der Macht, aus welcher der Film nicht mehr herabsteigen wird, mit ihren Prunkgemächern, Wandelgängen und Salons, den Schmarotzern, Liebedienern und Türstehern, in diesem Prolog fallen wie ein Schatten auf den Mythos vom Gottesgnadentum die Worte:

»Der König, der König ... Er ist ein Mensch wie andere auch. In England haben sie dem König den Kopf abgeschlagen. Die Erde hat nicht gebebt, und die Sonne hat sich nicht verfinstert.«

Der Abstand zwischen dem Volk und seinem König ist in dem Weg festgehalten, welchen der Zuschauer verfolgen muß, um schließlich des Souveräns ansichtig zu werden:

Mit den beiden Ärzten erlangen wir Zutritt zum Gemach des todkranken Kardinals. Mazarins Beichte und seine anschließende Unterredung mit Colbert bereiten vor auf die zentrale Rolle, welche der König von nun an spielen wird. Während sich die Ärzte, der Priester und Colbert vor dem Krankenlager unmittelbar ablösen, ist zwischen sie und das Erscheinen Ludwigs das Zeremoniell des *lever,* des Aufstehens des Königs, gesetzt.

Wenn wir ihn das erstemal sehen, liegt er mit seiner Gemahlin zusammen im Bett. Aber auch diese Szene ist *vorbereitet:*

das merkwürdige Bild der Hunde, die im Vorzimmer schlafen; die über dem Boden ausgebreiteten Strohmatten, der Staub auf den Möbeln; die Kammerfrau, die sich von ihrem Lager erhebt und Kleidungsstücke aus einer Kiste holt, dann zum Bett des Königs hingeht und die Vorhänge aufzieht.

Nach all diesen Vorbereitungen, der Länge der Exposition, der Würde der Staatsaffairen, entbehrt dieses seltsame Bild des jungen Paares in seinem Bett nicht einer gewissen Komik.

Diese Komik, die den Film auf ganzer Linie durchzieht, resultiert aus der Gleichzeitigkeit, mit der Angelegenheiten, die Öffentlichkeit, die Politik betreffend, und die Tatsache vermittelt werden, daß diese Politik von Menschen, die befangen sind in ihrer spezifischen Natürlichkeit, gemacht wird.

Aus dem Ineinanderbilden einerseits der traditionsgewachsenen höfischen Kultur und Umgangsformen und andererseits der individuellen Gebrechlichkeit und Bedürfnisse der Machthaber.

Von einem Glockenturm schwenkt die Kamera langsam hinunter auf die Reiter, die beim Schloß angekommen sind. Vogelzwitschern und Glockenläuten vermischen sich mit dem Geklapper der Pferdehufe. Die Ärzte werden empfangen und zu Mazarin geleitet.

Mit ihnen betritt der Film eine andere Welt. Mit dem Wechsel von der Außen- zur Innenaufnahme erstirbt auch die Vielfalt der Geräusche zum monotonen Widerhall eiliger Schritte über lange Gänge, betuliches Flüstern im Krankenzimmer, Diskretion:

»Ich brauche eine Untersuchung des letzten . . .«

»Ja, ja!«, sofort wird dem Spezialisten der Topf mit dem Urin gereicht.

Der Fall ist hoffnungslos. Ein neuer Aderlaß?

»Je mehr Milch ein Kind bei der Amme trinkt, desto mehr Milch hat sie. So verhält sich auch das Blut beim Aderlaß.«

»Der Körper enthält 24 Liter Blut. 20 kann er notfalls verlieren.«

Der Hausarzt hat levantinischen Rhabarber gegen die schlechten Körpersäfte verordnet. Aber

»vielleicht wäre es auch gut, wenn er pulverisierte Edelsteine einnehmen würde.«

In einem Aufsatz, betitelt *L'effet d'étrangeté*[2], der die Problematik von Filmen behandelt, die eine vergangene Zeit heraufbeschwören, welche die heutigen Zuschauer nicht aus eigener Anschauung kennen, schreibt Pascal Kané:

»*La prise du pouvoir par Louis XIV*, zum Beispiel, ist ausgerichtet auf eine Inszenierung der Eigentümlichkeiten der Lebensgewohnheiten der Jahre 1630–1640 (!), peinlich genau vom Standpunkt der gesellschaftlichen Gebräuche her gesehen (Kleidungsstücke, Dekors, Mode..., aber auch Heilpraktiken, Etikette...). Rossellini beschreibt seine Arbeit so: ›Ich interpretiere nicht. Ich überbringe keine Botschaft. Ich vermeide es, Thesen vorzutragen und die Bedeutung des Gezeigten zu betonen. Ich rekonstruiere Dokumente, ich biete eine Reihe von Informationen, die dem Zuschauer die ganze Verantwortung für seine Beurteilung überlassen...‹

Tatsächlich geht es Rossellini darum, eine absolute historische Wahrheit wiederzufinden – sie dann zu lehren – und das vermittelt durch einen Blick, von dem er annimmt, daß er objektiv sei. Die Fremdheit der Repräsentation, der Widerstand, den die Historie ihrer Entzifferung durch den Zuschauer entgegensetzt, ist also hier nur das Produkt einer Unzulänglichkeit der Lektüre, eines Mangels an Kenntnis vom Zusammenhang, auf den sich der Film bezieht. Das Gefühl der Fremdheit hat keine anderen Quellen, es ist auf gar keinen Fall auf eine Besonderheit der Erzählung zurückzuführen, noch führt es (jedenfalls nicht mit Absicht) zur Lust am Sehen. Es ist lediglich das Ergebnis eines Verlangens nach ›mehr Realem‹ gegenüber der Besonderheit einer Repräsentation. Die produzierten Bedeutungen, didaktische unter anderem, müssen demnach in vollkommener Identität stehen mit dem historischen Bezug der Handlung...«

Das Gefühl der Fremdheit ist auf *nichts anderes* als »die Besonderheit der Erzählung zurückzuführen«, und es kulminiert, selbstverständlich »mit Absicht«, in einer Schockwirkung auf den Zuschauer, sobald er sich Ungewohntem, das ihm Historienfilme durch Zubereitung erst annehmlich machen, roh gegenübersieht.

Gegenüber der erzählend dramatisierenden Aufbereitung des Stoffs jener Historienfilme, haben wir hier das Gefühl, mit der Vergangenheit selbst unmittelbar konfrontiert zu sein. So, wenn der weithergerufene Arzt am Urin des Patienten schnuppert, den Topf mit eleganter Geste vor der Nase kreisen lassend (Abb. 1); überhaupt die Summe der uns heute quacksalberisch anmutenden Bemühungen des Mediziner-Kollegiums.

Die Genauigkeit, mit der seine Verrichtungen ausgeführt und von der Kamera registriert werden, ist Bestandteil eines filmischen Vorgehens, das seinen politisch-abstrakten Gegenstand, die Machtergreifung Ludwigs XIV., aus einer szenischen Folge konkret erfaßter Besonderheiten zusammensetzt. Und der permanente Zusammenprall dieser Details mit der durch sie hindurch formulierten Gesamt-Idee von der Geburt eines modernen Staates läßt den Zuschauer zum Brennpunkt von Assoziationen werden, welche die Fundamente seiner eigenen sozialen Existenz und die der Personen im Film erhellen.

Wir sehen Mazarin, ein Individuum, in dem sich extreme höfische und kirchliche Machtentfaltung kristallisierten, hinfällig, sterbenskrank, als Gegenstand einer Wissenschaft (Abb. 2), deren Produktivkräfte aus ganz anderen Quellen erwachsen, die ihr eigenes Feld des Experimentierens und Suchens besitzt, unabhängig und doch auch eingeschlossen in das Ringen um die Aufrechterhaltung der alten Ordnung.

»Ich muß also diese Welt verlassen.«

Der gläubige Mazarin, der beim Anblick des Priesters sein Bedauern ausspricht, vor seinem Schöpfer und Richter keine Spur von Furcht zu empfinden.

Der Priester kommt schnell zur Sache. Eindringlich, mit der Hingabe eines Polizisten, der aus einem sterbenden Opfer noch den Namen seines Mörders herauslocken will, stellt er die Frage:

»Das Gold! Wem vermacht Ihr das Gold?«

Erzähltechnisch gesehen, als verbale Rückblende, wirft der Diskurs der beiden Kirchenmänner Licht auf 18 Jahre In-die-Tasche-Wirtschaften des Premierministers der Krone. Eine Information, die sich jedoch aufhebt in der unmittelbaren Verschmelzung von religiöser Innigkeit und einer letzten Transaktion im Zeichen des Kreuzes.

Mazarin, dessen Talent darin bestanden hatte, »immer für das Gleichgewicht der Kräfte zu sorgen: Parlament, Hochfinanz. Dann der Adel. Und die Provinzregierungen.« In seiner letzten Unterredung mit Colbert macht er noch einmal den Versuch, eine Aussöhnung mit Fouquet herbeizuführen. Colbert beharrt auf seiner Kritik an dessen Amtsführung:

»Eine skandalöse Verwaltung. Maßlose Steuereintreibungen bei den armen Bauern. Finanzielle Machenschaften. Verschwendung von öffentlichen Mitteln.«

Mazarin läßt den König bitten, ihn nach dem *lever* gleich aufzusuchen.

Es ist noch nicht 7 Uhr. Aus der feierlichen Stille, die der nahende Tod des Kardinals über dem Anfang des Films ausbreitet, erwächst fast unmerklich eine fieberhafte politische Aktivität.

Ludwig ist, von seinem ersten Erscheinen auf der Leinwand an, bei allen Zeremonien – und es gibt kaum eine Verrichtung im Tagesablauf, aus der sich nicht eine Zeremonie herausgebildet hat – nicht nur den Blicken der Zuschauer, sondern gleichzeitig denen einer Menge von Leuten aus seinem Hofstaat ausgesetzt, die um ihn herum sind.

So hier beim ›lever des Königs‹:

Der Vorhang ist aufgezogen. Sitzend im Bett sprechen der König und die Königin ihr Gebet (Abb. 3). Später macht sie eine undeutliche Handbewegung, die andeuten will, »daß der junge König heute nacht seine eheliche Pflicht erfüllt hat«, wie ein

Höfling zum andern bemerkt. Die Kammerfrau nimmt ihm das Nachtgewand ab. Der König wird abfrottiert und wäscht sich die Hände in Weingeist.

»Die etwa hundert Höflinge, die das Vorrecht genossen, dem *grand lever* beizuwohnen, wurden nun eingelassen, um dem König beim Ankleiden zuzusehen (...) (Das Frühstück) war ein sehr leichtes Mahl, bestehend aus Weißbrot, Wein und Wasser ...«[3]

Nachdem Philippe Erlanger, Historiker und Verfasser der Story für *La prise du pouvoir*, den Film gesehen hatte, sagte er:

»Ich wußte, wie Ludwig XIV. aufstand und wie er dinierte. Es gesehen zu haben, hat mir einen Schock verursacht.«[4]

Der Darsteller des Königs, Jean-Marie Patte, ist kein Berufsschauspieler.

»Weder Schauspiel-Technik noch Tradition. Weder Ticks noch Verzerrung. Ich verstehe also die Wahl von Rossellini und auch, daß er diese ›Naivität‹ noch unterstrichen hat, indem er seinem Interpreten eine solche Führung angedeihen ließ: farblose, matte Stimme, abwesender Blick, seltene Momente ausgenommen. Diese Entscheidung des Regisseurs bringt es mit sich, daß Ludwig XIV. isoliert wird, und seine Umgebung, dargestellt von Schauspielern, die verschlissen sind in ihrem Metier, erscheint als ein ebenso wirkliches wie gespenstisches Theater (...)

Der zukünftige Sonnenkönig ist ein kleiner Mann, selbst wenn man in Betracht zieht, daß die Franzosen von damals kleiner gewachsen waren als die heutigen: er war 1,61 m.«[5]

Daneben die zwergenhaft anmutende Frauengestalt. Das Bild, das sich uns bietet, scheint eher zwei Königskinder als ein Herrscherpaar vorzustellen.

Die auffällig kleine Gestalt des Hauptdarstellers, die Ungelenkigkeit seiner Bewegungen, der permanent sich abzeichnende Zustand der Überwindung von Schüchternheit in seinem Verhalten, führen zu einem fortwährenden Konflikt mit der Vorstellung, daß sich der letzte entscheidende Wille des Staates in diesem besonderen Individuum, nicht nach Wahl, Einsicht und dergleichen, sondern auf unmittelbare, natürliche Weise, nach dem Erbrecht, verkörpert.

So ist Ludwig immer zugleich subjektiv handelnder Staatsmann und die sichtbare Verkörperung der Idee dieses Handelns. Es scheint, als ob so, wie diese Idee in seiner Person zur Vergegenständlichung gelangt und er selbst diese Verobjektivierung seiner Person gezielt vorantreibt, er wie entleert ist von seiner ›menschlichen‹ Substanz.

Um so auffälliger wiederum die äußere Gestalt des Monarchen, da wo er sich darauf beschränkt, zu repräsentieren, wie hier, nach dem Aufstehen, wo man sich daran erinnert fühlt, wie ein Kind seine ersten Schritte macht, unter den Augen von vielen Neugierigen.

Gleichzeitig eine unerschütterliche Bestimmtheit, Willenskraft des Königs.

Eine Würde, die nicht von der stillschweigenden Huldigung der Umstehenden herkommt, sondern von ihnen Abstand nimmt und ihrem aussaugerischen Voyeurismus

1

widersteht. Bedächtigkeit und Wohlüberlegtheit, sich mitteilend in die langsame Abblende dieser Szene.

Mazarin legt Rouge auf und betrachtet sein Gesicht in einem Handspiegel, bevor er den König empfängt (Abb. 4). Wie viele reiche Männer äußert er, einer der reichsten Europas, den Wunsch, diese Welt in Armut zu verlassen.

»Mein Vermögen und meine Güter. Ich habe mich entschlossen, Euch all das zu hinterlassen.«

Der König lehnt ab:

»Euer Angebot empfinde ich als das Unterpfand für Eure Bindung an meine Person. An das was sie repräsentiert. Aber im Namen dessen, was sie repräsentiert, im Namen des Staates, im Namen der Krone – muß ich bedauern. Es ist nicht Ludwig, Euer Patensohn, der die Annahme verweigert. Es ist der König.«

Durch die oben erwähnte Mattheit und Farblosigkeit der Stimme des Darstellers Patte, die ›Flachheit‹ in der Betonung, Leidenschaftslosigkeit des Vortrags kommen um so

2

mehr zur Geltung: die rhythmische Gliederung seiner Rede, die Pausen, Absätze, Löcher innerhalb der einförmigen Linearität seines Vortrags.

Die Künstlichkeit dieser ›gehobenen Bühnensprache‹ leistet am gesprochenen Text selbst eine Verobjektivierung, hebt ihn in gewisser Weise ab vom Schauspieler, macht den Text selbständig und kann sogar dazu führen, daß er sich dem Individuum, das ihn spricht, gegenüberstellt. Dies ist in unserem Beispiel der Fall.

Die im Text realisierte Idee vom Staat, der sich in der Person des Königs repräsentiert, stößt sich in der Auffassung der Zuschauer mit dem ungewohnten Bild, das der Schauspieler von Ludwig XIV. gibt. Die Konvention, auf der es beruht, daß wir einem Interpreten seine Rolle ›glauben‹, hat sich nicht eingespielt. Zwischen Patte und Louis XIV liegt ein Effekt der Verfremdung, der bis zum letzten Bild anhält.

Die in der Person des Königs beschlossenen beiden Momente, einerseits der handelnde Staatsmann, andererseits die Idee, welche das Handeln durchdringt, treten also an dieser Stelle anschaulich auseinander durch die Weise, wie sich der Text, seine ihm eigene Autonomie und Objektivität verwirklichend, vom Sprechenden absondert.

Mazarin empfiehlt dem König, sich der Dienste Colberts zu versichern. Ludwig verabschiedet sich und begibt sich zu seiner Mutter. Auf dem Weg zu ihr ein belanglosspöttischer Wortwechsel mit Fouquet.

Gespräch mit der Mutter

Dadurch, daß die oberste Spitze der Monarchie einer Familie angehört, erscheint die Herrschaft als Privateigentum derselben. Der Monarch löst sich jedoch mit Notwendigkeit aus den engen Familienbanden, da er die Herrschaft als Privatbesitz der Familie nur aufrechterhalten kann, indem er die allgemeinen Interessen des Staates gegen die spontanen Interessen einzelner Mitglieder der Familie durchsetzt.

Der Fortschritt von einer Politik, die bestimmt wird von dem Impuls, der unmittelbar natürlichen Neigung zu gehorchen, zur entwickelteren Interessenpolitik, die der gewachsenen Vielzahl von Faktoren Beachtung schenken muß, welche die Macht gefährden, ist in dieser Szene zweidimensional spürbar:

als historisch durch die Konzentration von Macht geborene Staatsidee, welche die

3

19

partikularen Interessen verweigert, sofern sie gegen die allgemeinen des Staats gerichtet sind, und gleichzeitig

als das Stadium in der Biografie Ludwigs, wo er mit Entschiedenheit sich der ›Stimme des Blutes‹ widersetzt, eine Entschiedenheit, die aus der Erkenntnis des Notwendigen kommt.

Das Schreckensbild aller partikulären Interessen, die den Staat unterwandern und seine Einheit bedrohen, taucht im Film immer wieder auf als Erinnerung an die *Fronde*, die Adelspartei, welche vier Jahre lang, von 1648 bis 1652 die absolutistische Regierung Mazarins bekämpfte.

Ludwig fürchtet, daß der Tod Mazarins den Aufruhr der Fronde zurückbringen wird, eine Auffassung, der sich seine Mutter widersetzt.

Mazarin hatte es verstanden, sie von den Regierungsgeschäften fernzuhalten. Von einem adeligen Nachfolger ihrer Wahl erwartet sie Entgegenkommen. Es fällt auf, daß Le Tellier, Kriegsminister und intimer Ratgeber der Königinmutter, nicht von der Seite seiner Gönnerin weicht, was in die Szene einen Gegensatz hineinlegt wie zwischen einem Schäfergedicht und politischer Gedankenlyrik.

Ludwig beschwört die Gefahr herauf, die sowohl durch den Adel droht, als auch durchs Parlament, d. h. letztlich durchs Geld:

»... denn der Adel, der sich nicht mehr von seinen Gütern ernährt, braucht Geld. Und dieses Geld, das besitzen nur die Händler. Darum ist der Adel auch nicht mehr die Stütze der Krone (...)

Das Parlament, das nur Gesetze erlassen und sich um ihre Durchführung kümmern soll, begnügt sich nicht mehr mit diesem Privileg. Es möchte noch mehr Macht. In England hat das Parlament sich des Königs bemächtigt und ihn dem Scharfrichter übergeben. Unser Parlament würde ebenso handeln. Das göttliche Recht würde von denen entweiht, die ihre ganze Macht nur dem Geld verdanken ...«

Nachdem der König gegangen ist, verwandelt sich die Vertraulichkeit zwischen Le Tellier und der Königinmutter aus der Form der ritterlichen Pose in ein Gespräch über den Eindruck, den die Worte des Königs hinterlassen haben.

Es ist der Wechsel von einer großen zu einer kleinen Szene, ein Nachklang des Vortrags des Königs.

Wir waren gezwungen, dem Text zuzuhören. Zu reflektieren. Und nun belebt sich das Bild, die Lektion teilt sich in Handlung mit. Die Betonung wechselt vom objektiven Sachgehalt, der sich durch den Mund des Königs ausspricht, zur subjektiven Reaktion darauf.

Was die Unterschiedlichkeit des Reagierens der beiden Personen, der Königinmutter und Le Telliers, betrifft, so läßt sie sich dahingehend verallgemeinern, daß der Film gegenüber sich selbst diese beiden Verhaltensweisen nicht ausschließt. Man kann ihn

4

einerseits als eine Geschichte verstehen, in welcher König Ludwig den Mittelpunkt abgibt und es mehr oder minder dem Zufall überlassen bleibt, ob er die politische Heldenrolle spielen oder die Prophezeiung seiner Mutter erfüllen wird:

»Ihr kennt den König ebensogut wie ich. Die Jagd, der Tanz, der Ball und die Karten. Die werden immer sein liebster Zeitvertreib sein. Er will eben auch für fähig gehalten werden. Das ist alles.«

In diesem Fall erschöpft sich die Story in der Willkür eines individuellen Machtkampfs, ein Verständnis, das die Königinmutter vom Geschehen besitzt.

Die entgegengesetzte Auffassung beruht darin, daß der König nicht aus einer bestimmten Laune heraus dieses und jenes sagt, sondern daß der Text, als die logische Zusammenfassung objektiv gegebener politischer Zusammenhänge und Notwendigkeiten *durch den König hindurch spricht*. Ludwig XIV. nicht als Held, um dessen subjektives moralisches Wollen und individuell freie Entscheidung fürs Privatleben oder die Politik es geht, sondern als die Personifikation jenes absolutistischen Prinzips, das er in der Wirklichkeit auch verkörpert hat.

Es ist dieses Prinzip, das, realisiert in der Autonomie des Textes vom sprechenden Subjekt, in der *Machtergreifung* den Gegenstand bildet und nicht die im Bildungs- und Entwicklungsroman vorausgesetzte freie Entscheidung des Helden.

»Auf mich haben die Worte seiner Majestät großen Eindruck gemacht«, antwortet Le Tellier.

Den ganzen Tag spart der Film aus. Nach dem nächsten Schnitt ist es schon Abend. Der König begibt sich zu Bett. Bevor seine Kammerfrau den Vorhang zuzieht, bittet er sie:

»Falls der Kardinal stirbt, gebt Ihr mir sofort Nachricht. Wann es auch sei.«

Betende Schwestern am Sterbebett des Kardinals, dessen Tod sich in einer einzigen *Bewegung* mitteilt: sein Kopf fällt abrupt zur Seite.

Und sofort *belebt* sich die Szene, das Zimmer, das Vorzimmer. Es kommen nacheinander immer mehr Leute herein.

Eine barocke Musik hat eingesetzt (mit Gesang).

Der König ist aufgestanden. Und diese leise Hektik verwandelt sich wieder in die Ruhe eines Gebets, dessen Litanei sich mit der feierlichen Musik vermischt.

Der Unmittelbarkeit, mit welcher das Sterben von Mazarin in einer einzigen Geste zum Ausdruck gebracht wird, entspricht die Gesamtqualität des Films, historisch überlieferte Begebenheiten so nachzuspielen, daß sich der erste Eindruck davon mit überträgt.

Das hängt einerseits damit zusammen, daß sich die Haupt- und Staatsaktionen im Film selbst vor einer Kulisse von Leuten abspielen, die original auf sie reagieren und so dem Zuschauer zum Medium werden für die unmittelbare Zeugenschaft. So nimmt uns ein Mann mit der Bemerkung:

»Warum geht Seine Majestät nicht in das Sterbezimmer und erweist dem Toten die letzte Ehre?«

die Frage aus dem Mund.

»Aus Tradition. Es wäre unschicklich, wenn der König sich in der Nähe eines Toten aufhielte«, lautet die Antwort.

Andererseits läßt sich der Eindruck von im Augenschein selbst begründeter Authentizität ganz allgemein aus der Aufnahmetechnik herleiten. Erteilt der König einen Befehl, wie jetzt die Einberufung eines Ministerrats »gleich morgen früh« in den Louvre, so wird einfach wie in einer TV-Reportage die Kamera hingehalten. Ein Verfahren, zu dem auch gehört, daß nur die wichtigen, den Weg zur Machtergreifung entscheidend prägenden Ereignisse, im Film festgehalten sind. Deshalb die in Spielfilmen, die Handlung psychologisch motivieren, unüblichen Zeitsprünge und Szenenwechsel.

Die Form der Montage, die begründet ist in der *Auswahl* von überlieferten Begebenheiten, gestaltet den Abstand vom Heute zum Damals.

Die Methode der Inszenierung realisiert, daß sich Geschichte *durchsetzt* als lebendiges Geschehen: Unmittelbarkeit der einzelnen Szene, aus sich selbst heraus ihre konkreten Umstände erzeugend.

Die Überlieferung, auf die sich der Film stützt, macht er sich zum Gegenstand, wenn vor dem Beginn der Ratssitzung ein Augenzeuge seinem Gesprächspartner berichtet, was wir ein paar Augenblicke vorher selbst gesehen und gehört haben:

»Dann blieb seine Majestät, der König, beim Marschall stehen und sagte mit leicht bewegter Stimme zu ihm: ›Wir haben einen guten Freund verloren. Aber tröstet Euch, dafür habt Ihr einen guten Herrn gefunden.‹«

Anschließend werden die Ratsmitglieder Zeuge der Verkündung des Königs, daß er die Regierungsgeschäfte selbst übernehmen und sich um jede Kleinigkeit selbst kümmern wird.

»Auch meinen Staatssekretären befehle ich, nicht einmal einen Geleitbrief oder einen Paß ohne meine Einwilligung zu unterschreiben«,

was Fouquet, dem der König seinen Vertrauten Colbert an die Seite gestellt hat, mit der Bemerkung quittiert:

»Der König liebt die Vergnügungen. Er wird der Pflichten, die er sich auferlegt hat, bald überdrüssig sein. Ich schätze, in einem Monat werden die Dinge wieder ins Lot kommen.«

Ludwig XIV. entwirft die großen Linien seiner Politik keineswegs selbständig aus sich heraus, intuitiv, als staatsmännisches Genie. Die treibende politische Kraft ist Colbert, und die Funktion des Königs besteht vielmehr darin, sich die Überlegungen Colberts anzuhören und daraufhin zu entscheiden.

Colbert war der Sohn eines Kaufmanns. Die große historische Konstellation und Situation der Machtverteilung wird in seinen Unterredungen mit dem Monarchen nicht nur verbal angedeutet und abgehandelt. Es ist, im Bilde des Ringens um Einfluß auf die königliche Entscheidung, in der Geste ans Unterwürfige grenzender Ergebenheit, im Odium von Denunziation, welches Colberts Attacken auf Fouquet anhaftet, der quälende Widerspruch spürbar zwischen der rationalen Überzeugungskraft, der sichtlichen Befähigung des neuen Intendanten und seiner Abhängigkeit von einer höheren Instanz, seiner individuellen Unfreiheit der Entscheidung.

Colbert ließ staatliche Manufakturen bauen und lieh bürgerlichen Geschäftsleuten Geld, damit sie ebenfalls solche Betriebe errichteten. Sie standen aber unter strenger Aufsicht des Staates, der genau vorschrieb, was und wie produziert wurde. Die beiden sich ergänzenden Momente innerhalb dieses Sachverhalts, einerseits das dynamische, die Ankurbelung der Warenproduktion, andererseits das retardierende, die Staatsaufsicht, scheinen personifiziert zu sein in Colbert und dem König, wenn sie sich zu Konsultationen zusammenfinden (Abb. 5).

Diese Verobjektivierung der beiden Hauptgestalten hat zur Grundlage, daß der Film sie in der Rolle, die sie real gespielt haben, voraussetzt, auf eine Entwicklung

5

ihrer Charaktere verzichtet und sich konzentriert auf Momentaufnahmen ihres Funktionierens im Prozeß der Machtergreifung. Die Realität dieses Prozesses, die sich im Film mitteilt, autorisiert von selbst die Attacken Colberts auf Fouquet. Weil nicht die Personen, sondern die Prinzipien, die sie verkörpern, das Wesentliche sind in dem Film, wird auch die Frage, ob *wir* den Behauptungen Colberts glauben sollen, gegenstandslos vor der Unumstößlichkeit seiner Schlußfolgerung:

»Monsieur Fouquet hat die Seele eines Frondeurs.«

In der Szene mit Ludwig und der Königinmutter, die sich anschließt an die Unterredung mit Colbert, entfaltet sich extrem und in großer Anschaulichkeit die Tendenz des Films zur Ent-Individualisierung.

Auf der einen Seite das Lamento der Mutter. Es betrifft die Ausschweifungen des Königs und seine Entscheidung, ihren Ausschluß aus dem Rat bestehen zu lassen.

Auf der anderen Seite Ludwig, stumm, an dem die Vorwürfe abprallen wie an einer Wand. Und am Schluß die Worte des *Sohnes*:

»Verzeiht mir, Mutter! Verzeiht mir!«

Die Person der Mutter selbst erfährt, aus der Exaltiertheit ihrer Rede, der unmittelbaren Selbstbezogenheit ihres Empfindens, der betonten Gefühlsäußerung heraus eine Verallgemeinerung zum Prinzip der in sich selbst und in ihrer Zeit befangenen Subjektivität. Den Dialog zwischen ihr und einem Prinzip, das auf der Ahnung von historischem Gewordensein und Vergänglichkeit beruht, kann es nicht geben. Es setzt sich das eine gegen das andere stillschweigend und gewaltsam durch.

Die Methode der stilisierenden Verallgemeinerung verkehrt den Akzent von der Entscheidungsfreiheit des einzelnen in die Betonung seiner Determiniertheit. Die Persönlichkeit Ludwigs XIV. vermittelt sich nicht a priori aus ihrer subjektiven Machtvollkommenheit heraus, sondern im Grade seiner Fähigkeit, das zu tun, was der historische Augenblick erfordert, um die Kontinuität seiner Herrschaft zu sichern, die Macht fest in die Hände zu bekommen. Dieser eiserne Zwang, den das objektive Interesse der Epoche dem Handeln ihrer großen Persönlichkeiten auferlegt, ist die Kette, die den Film fest an die Vergangenheit schmiedet: es ist nicht möglich, sich in die Personen zu versetzen, ohne dabei des Abstands gewahr zu bleiben, der ihre Zeit von der unseren trennt.

Der Film verschluckt diesen Abstand nicht. Er ist *negativ* enthalten in der Auswahl, die aus dem historischen Repertoire getroffen wurde. Eine Auswahl, die sich nicht an der organischen Verknüpfung von Szenen orientiert. Statt naturwüchsig in einem einzigen, ununterbrochenen Handlungsablauf zu verschmelzen, bleiben die Szenen wie im Theater deutlich voneinander abgesetzt. Sie ragen heraus wie Inseln aus dem Meer der Geschichte und verweisen so auf den gedanklichen Zusammenhang, der den Filmemacher veranlaßt hat, von seinem *heutigen* Standpunkt aus diese besondere Auswahl zu treffen.

Andererseits kommt es vor, daß der Film den Zuschauer aus einer Szene nicht entläßt ohne die *positive* Erfahrung der Gegenwart bei der Filmaufnahme. Dies geschieht bei den Abgängen des Königs. Häufig ist einer Szene, nachdem der König sie verlassen hat, noch ein Bild angehängt, in dem sich seine kleine Gestalt mit kurzen Schritten in die Tiefe eines jener endlosen Wandelgänge entfernt. Der tönende Widerhall dieses Schreitens ist das Medium, das uns aus der Zeit, die der Film *bezeichnet*, herausträgt und unsere Wahrnehmung konzentriert auf den Prozeß der Entstehung des Films.

Denn was der Klang gesprochener Worte vermag, nämlich durch die Vorstellung, die wir mit ihnen als den Zeichen für bestimmte Bedeutungen verbinden, eine vergangene Zeit um uns erstehen zu lassen, das bleibt dem bedeutungs-losen Geräusch versagt. Es ist immer Gegenwart. So leert sich im Bilde des wandelnden Königs die Szene von ihrem Sinngehalt. Es bleibt nichts als ein durch den Widerhall der Schritte in den weiten Fluren zu besonderer Konkretheit gesteigertes Raumempfinden. Die Gestalt des

Königs tritt aus der Geschichte heraus, die Vergangenheit löst sich von ihm ab, und was wir mit den Blicken verfolgen, ist nichts mehr, als die sich selbst bewegende Körperlichkeit des Schauspielers.

Der Widerspruch zwischen einem durch Worte vermittelten Sinngehalt und der Ausdruckslosigkeit des Geräuschs kann sich auch komisch äußern:
Während der Beichte Mazarins, wenn plötzlich eine Tür quietscht. Ein Quietschen, das nichts ausdrückt als die Wirklichkeit des Augenblicks, in dem es ertönt. In einer Situation, in der alles zählt, *außer* diesem Augenblick: die Sünden der Vergangenheit und die Ungewißheit des Lebens nach dem Tod.

Die Schritte verhallen, und das Gezwitscher von Vögeln, Hörnerklang, das Trappeln von Pferdehufen, Hundebellen und Wasserplätschern erreicht unser Ohr.
Zum erstenmal, nach dem Prolog, ist der Film herausgetreten in die freie Natur. Die Jagd, ein Kampf auf Leben und Tod, ist eine Angelegenheit der Hunde und Rehe unter sich. Die Hofgesellschaft rückt gemächlich heran, desinteressiert. Man genießt die Sonne, sucht sich ein anmutiges Fleckchen Erde, breitet einen Teppich über den Rasen und läßt sich fröhlich plaudernd nieder zu behaglichem Picknick.
Der König geht schließlich mit einer Dame in die Büsche, und wenn sie nach einiger Zeit wieder zum Vorschein kommen, bemerkt die Begleiterin von Fouquet:
»Sieh dir doch mal diese junge Person an, Mademoiselle de Lavalière! Sie wird sehr an Bedeutung gewinnen!« (Abb. 6).
»Es dürfte nicht schwerfallen, sie für unsere Interessen zu gewinnen«, erwidert der Lebemann Fouquet.

Den Rahmen für den Versuch der Bestechung bietet eine Soirée. Beim Klang des Cembalos vertreiben sich die Gäste ihre Zeit mit Kartenspielen und Konversation. Andere sind versunken ins tête-à-tête. Es wird geplaudert, geraunt, gelacht und gekichert. Eine Freundin offeriert Mlle de Lavalière 20 000, im Auftrag von Fouquet, und die Antwort der Geliebten des Königs bezeichnet den Anfang vom Ende des Intriganten:
»Sagt Monsieur Fouquet, 20 000 Pistolen verleiten mich zu keinem Fauxpas.«
Das ist der Wendepunkt des Films.
Der König, durch seine Mätresse informiert, leitet sofort die Umstände ein, unter denen sich die Verhaftung Fouquets, spektakulär in dessen eigener Provinz, vollziehen soll: er beruft den Ministerrat nach Nantes.
»Seid vorsichtig, mein Sohn! Ihr könntet den Widerstand der Fronde hervorrufen!«
Auch dieser letzte Versuch der Königinmutter, ihn zurückzuhalten, scheitert an der Entschlossenheit des Königs:
»Auf diese Weise sehe ich, wer für mich ist und wer gegen mich ist. Alles andere ist dann Sache der Justiz.«

6

Die Nantes-Sequenz hat ebenso wie die Szenenfolge aus dem Schloß von Vincennes ein ländliches Vorspiel:

Vor dem Schloß lagert ein Regiment von Musketieren. Angebereien, Zoten, kleine Beschwerden, die Rufe von Marketendern, die frisches Brot, Gebäck und Wasser feilbieten. Alles klingt durcheinander und belebt dieses Genrebildchen vom ›rauhbeinigen Volk‹.

Bis ein Bote erscheint und den Seigneur d'Artagnan ins Schloß bittet, wo ihm der König den Haftbefehl erteilt, »sobald Monsieur Fouquet aus dem Rat kommt«. Es ist Colbert, der dem legendären Musketier die Einzelheiten der Festnahme erläutert. Der König versichert sich, daß die Wachen bereitstehen und entläßt Fouquet aus einer Unterredung. Dann begibt er sich zu einem Fenster, und wir verfolgen mit seinen Blicken – aus der Totalen –, wie unten auf dem Hof die Soldaten an Fouquet herantreten und ihn festnehmen (Abb. 7). Deutlich vernehmen wir die Worte:

»Monsieur Fouquet, Sie sind verhaftet. Im Namen des Königs, Euren Degen!«

Die Dame, die Fouquet begleitet hatte, wird in eine Sänfte gebeten und davongetragen.

7

Unser Blick ist gebannt von dem Schauspiel, in dessen reibungslosem Ablauf wir die Folgerichtigkeit der Politik selbst, als deren Bestandteil die Verhaftung erfolgt, sich entfalten sehen. Denn die Anschauung, die wir gewinnen, aus demselben Blickwinkel des Königs an seinem Fenster, ist die von der Erfüllung seines Willens, und in der Distanz vom Betrachter zum Geschehen ist die Vorstellung vermittelt, wie weit ›der Arm des Königs reicht‹. »Alles andere ist dann Sache der Justiz.«

Der Mann, der vom Fenster zurücktritt, ist befreit von einem Hindernis, und während er für den Augenblick ein reales Geschehen als Zuschauer registriert hat, malt er nun mit Worten ein Bild der Zukunft. Er tut es gegenüber Colbert. Und der ist einverstanden. »Mit ganzer Seele«:

»Eure Majestät haben es gesagt. Vor allem braucht Frankreich genügend Fabriken. Für die Herstellung von Waffen, Glas und Tapisserien. Außerdem braucht es eine Flotte in Übersee, damit wir nicht mehr auf Holland angewiesen sind, das das Monopol im Seehandel besitzt.

Was die inneren Angelegenheiten betrifft, so geben wir dem Bürger keine Almosen, sondern reichlich Arbeit. Arbeitslose sind eine leichte Beute für Unruhestifter. Wir

28

müssen genügend Kanäle und Straßen bauen, und wir brauchen noch mehr Gestüte in der Armee. Maßnahmen gegen Hungersnöte sind zu ergreifen. Die Landwirtschaft muß gefördert werden. Wir müssen vor allen Dingen die Steuern reduzieren, deren Last die Bauern erdrückt. Die Verluste an Einnahmen müssen wir durch indirekte Steuern ausgleichen, die alle Stände in gleicher Höhe zu tragen haben (. . .) Außerdem sind die Geschäftsleute zu überwachen, und auch die Renditen sind möglichst zu reduzieren.«

Der König drückt seinen Gefallen aus an den Vorschlägen des Intendanten und will noch vor seiner Rückkehr in den Louvre seinen Hofschneider vor sich sehen.

Als schließe die Automatik von Befehl und Gehorsam, von Konzeption und Realisierung eines Vorhabens den weiteren Ablauf des Filmes selbst bis zu seinem Ende mit ein, so erfolgt von nun an jeder Sprung in der Handlung – von Colbert zum Hofschneider, dann nach Versailles, zum Bankett und in die Einsamkeit der Meditation – auf ein auslösendes Wort des Königs hin. Der Film kulminiert paradoxerweise in einer Folge von isoliert dastehenden, statisch anmutenden Sequenzen, deren zeremonieller Gehalt begründet ist in der Absicht Ludwigs, den Adel zu blenden und an den Hof zu binden. Indessen teilt sich aus dem *Wechsel* zwischen den Schauplätzen, der sich jeweils ableitet aus einer Willenserklärung des Königs, eine Bewegung mit, die – gerichtet auf das Ziel der endgültigen Machtergreifung – den Formalismus der Zeremonien durchdringt.

Auch die scheinbare Belanglosigkeit der Mode-Création, denn:
»Monsieur Fouquet bevorzugte die schlichte deutsche Mode. Wir bevorzugen hingegen die schmückenden Kleinigkeiten. Für Monsieur Fouquet war die Kleidung nur das Aushängeschild seines Ruhms. Für uns gehört sie mehr zur Politik. Es muß so sein, daß die Mode das einzige ist, worüber der Adel sich den Kopf zerbricht.«

Die Unterwerfung des Adels unter das Staatsoberhaupt intendierte nicht die Aufhebung, sondern die Umfunktionierung der Adelsprivilegien in Pflichten gegenüber dem Staat. Das gemeinsame Interesse von König und Volk an der politischen Entmachtung des Adels, aus dem der Film seine emotionale Substanz bezieht, schließt die weiterbestehenden und sich verschärfenden Klassengegensätze nicht aus. Tatsächlich empörte sich der Adel zunächst über die unumschränkte Herrschaft des Königs. Doch bald war er gezwungen einzusehen, wie unrecht er hatte. Die Soldaten des Königs schützten das Eigentum der Grafen und Barone besser, als diese es selbst konnten und gingen grausam gegen die aufständischen Bauern vor. Die feudale Gesellschaftsordnung sollte nicht zerstört, sondern – umgekehrt – im Absolutismus die Voraussetzung ihrer Aufrechterhaltung geschaffen werden.

Der König läßt es sich, d. h. seine Untertanen, die Bürger und Bauern, viel kosten, den Adel auszuhalten.

»Ich werde *die größten Schulden* bezahlen«, äußert er sich gegenüber Colbert, nachdem die Maskerade entworfen ist, »um sie damit noch mehr an mich zu binden. Was die Adligen betrifft, die zu mir nach Versailles ziehen, so werde ich ihre Häuser durch Privilegien schützen, daß sie nicht durch gesetzliche Verfügungen gegen ihren Willen verkauft werden können. Dadurch binde ich den Adel noch fester an den Hof. Er braucht dann zur Finanzierung seines Luxuslebens nicht mehr das Bürgertum. Dafür hat er mich.

Das Schloß meines Vaters soll der Tempel der Monarchie werden. Alle bedeutenden Künstler, die wir haben, sollen bei Ausbau und Verschönerung mitwirken.«

Abblende und Epilog.

Der König inspiziert die Bauarbeiten zu Versailles. Eine Art Prospekt, basierend auf alten Gemälden: eine künstliche Szenerie, weitläufig, mit lebendigen Menschen, die Steine hauen (Abb. 8).

8

Überblendung auf eine schon fertige Fassade und

von dem Meißeln, Rufen und Klirren, das die Luft erfüllt, in eine festliche Musik. Dann das Gemurmel der Hofgesellschaft, die sich eingefunden hat, um dem Souper des Königs beizuwohnen.

Die Marschallsküche arbeitet auf Hochtouren: Seine Majestät liebt harte Eier besonders. Sie dürfen aber nicht abgekühlt sein! Nach dem achten Gang das Huhn. Die Obstkörbe. Der Spinat, abgeschmeckt mit ein paar Tropfen Obstwein, der Teller verziert mit einer Girlande aus geriebenem Brot. Die Erbsen! Ein Kopf Salat fehlt noch! Etwas mehr Sauce! Der Eierkuchenteig! Musik für den König! Der Wein für den König!

Und sobald Majestät nach dem vierzehnten Gang verlangt:

das Spanferkel, vor dem sich die Ex-Frondeure verneigen, während es den weiten Weg von der Küche zur königlichen Tafel getragen wird, von wo es der Monarch, dem Rat seines Arztes folgend, mit einer Handbewegung zurückgehen läßt.

Nach dem Abblenden die Apotheose.

9

In stummer Faszination blickt der Adel, in der Promenade innehaltend, auf den König, der, zu seiner Begleitung gewandt, den Wunsch äußert:
»Ich möchte gern allein sein, mich ausruhn.«

Der König verläßt den Garten und geht in sein Arbeitszimmer. Er nimmt seinen federgeschmückten Hut vom Kopf, streift die Handschuhe ab und legt seinen Säbel beiseite. Dann entledigt er sich seiner Perücke, des Halsbandes mit dem Kreuz, der Schärpe und schließlich der Weste.
Er begibt sich zu einem Wandschrank und holt eine Jacke heraus, die er anzieht. Dann setzt er sich an den Schreibtisch, schlägt ein Buch auf und beginnt – während die Kamera auf ihn zufährt – zu lesen (Abb. 9), dabei aufblickend, nachdenkend und für sich wiederholend:

Es gibt eine Erhabenheit, die wir nicht dem Schicksal verdanken. Eine gewisse Aura der Überlegenheit, die uns auszeichnet und zu Großem bestimmt. Sie ist ein Preis, den wir uns insgeheim selbst geben. Durch diese Eigenschaft eignen wir uns die Ehrerbietung anderer Menschen widerrechtlich an, und sie ist es, die immer da ist und die mehr für uns ist als Geburt, als Würden und selbst die Verdienste. – Als Geburt, als Würden und selbst die Verdienste. Weder die Sonne noch der Tod sind als beständig zu betrachten. – Musik setzt ein. – Weder die Sonne noch der Tod sind als beständig zu betrachten.

Musik.

1 Karl Marx: Der Bürgerkrieg in Frankreich. Berlin 1963. S. 66.
2 In: Cahiers du Cinéma 254–255. Paris o. Jg. Dezember 1974 / Januar 1975. S. 142 ff.
3 Vincent Cronin: Der Sonnenkönig. Frankfurt am Main 1974. S. 189.
4 Michel Mardore: Du cinéma néo-monarchiste, in: Nouvel Observateur 9. 11. 1966.
5 René Saurel: La prise du pouvoir par Louis XIV, in: Les Lettres Françaises 20. 10. 1966.

Das neue Babylon

Grigori Kosintzew erzählt[1]:

»Damals wurde P. Bliakhine zu einem der Leiter von Goskino[2] benannt, ein alter Bolschewik, der im Untergrund gekämpft und am bewaffneten Aufstand von 1905 teilgenommen hatte. Er hatte das Szenario zu einem der besten Abenteuerfilme, *Die roten Teufelchen*[3], geschrieben. Er berief uns sofort nach Moskau. Kaum hatten Trauberg und ich in seinem Büro, das noch wenig ›bewohnt‹ war, Platz genommen, als Bliakhine uns erklärte, daß es an der Zeit sei, ernsthaft zu arbeiten. Er hatte für uns ein bedeutendes, interessantes Thema:

die Pariser Commune.

Wir akzeptierten sofort, ohne uns zu besprechen, ohne miteinander zu diskutieren. Das war genau die ›wirkliche Arbeit‹, nach der wir uns sehnten.

Wir waren uns der Sünden von *S.V.D.*[4] schon bewußt – das kindliche Ereifern für melodramatische Effekte und romantische Requisiten. Die Zeit war gekommen, um ernsthaft zu arbeiten. Keine ›Anbauten‹ mehr an die reale Geschichte. Nichts als die Substanz der Geschichte selbst. Ohne theatralische Kunstgriffe, würde die Dialektik der historischen Entwicklung selbst die dramaturgischen Knoten knüpfen, die Konstruktion der Episoden herbeiführen, die Helden – Repräsentanten der Klassen – hervortreten lassen.

Keine Mogeleien, Erfindungen, Mythisierungen mehr.

Wir stürzten uns auf Marx.

Aber die politischen Schriften lehrten uns nicht nur die unausweichliche Logik der Geburt und des Verschwindens der ersten Diktatur des Proletariats. Nichts erwies sich als so erstaunlich nahe der künstlerischen Form, auf deren Suche das Kino damals war, als der Stil selbst, in dem diese Schriften abgefaßt waren, Wut und Sarkasmus des revolutionären Pamphlets. Bei Marx erfuhr der Klassenkampf häufig eine verallgemeinernde Formulierung, die sich bis zur Metapher verdichtete:

›Die Boutique hatte sich aufgerafft und war gegen die Barrikade marschiert, um die Zirkulation herzustellen, die von der Straße in die Boutique führt.‹ (*Die Klassenkämpfe in Frankreich 1848 bis 1850*)

Dabei handelte es sich nicht nur um eine Charakteristik der Juni-Ereignisse, sondern um richtige Bilder, mit denen der Cinéast von damals weit mehr vertraut war als mit Charakterisierungen psychologischer Art.

Die literarischen Beiwörter gewannen mit Leichtigkeit sichtbare Gestalt; es war die Blütezeit der Karikatur: Louis-Philippe als Birne, die Gestalten Daumiers, mit ihren großen Köpfen auf den kleinen Körpern, Robert Macaire, die Tier-Menschen und die Menschen-Tiere von Granville, die Helden der unzähligen ›Physiologien‹ – all das erschien, trotz der Vergrößerung der einzelnen Züge, lebendig, real . . .

(. . .) Selbstverständlich nahmen wir uns, genau und gewissenhaft, die Kunst der zweiten Hälfte des 19. Jahrhunderts vor. Was habe ich nicht alles für Moskwin (Kameramann des Films, Anm.) herbeigeschafft! . . . Wir studierten die Tönung der Graphiken von Guys, das wogende Licht der Impressionisten, die wie aus Licht geschnitzten Gestalten der Gemälde von Daumier, das Flimmern der Gaslaternen bei Seurat . . .
›Das Paris des Thiers war nicht das wirkliche Paris, lasen wir im Marx, sondern ein Phantasie-Paris . . . ein vergoldetes Paris, faulenzend . . .‹
Und weiter:
›Diese Versammlung, die Vertreterin von allem, was abgestorben war in Frankreich, aufgestützt zur Positur scheinbaren Lebens . . .‹
›Phantasie-Paris‹ und ›scheinbares Leben‹ – wir haben das nicht gelesen im E.T.A. Hoffmann, sondern im *Bürgerkrieg in Frankreich*.
Unsere Aufgabe stellte sich so: mit den Mitteln des Lichtes, der Bewegung, des Dynamismus der Formen, die sich gegenseitig durchdringen, auf der Leinwand das Bild einer unheilvollen Raserei erstehen zu lassen. Dieses Bild war uns unentbehrlich als Kontrast zu dem folgenden Teil: der Stille, der strengen Konzentration der Tage des Hungers und der Belagerung.

(. . .) Niemals werde ich diese Projektion vergessen. Im Leben eines Regisseurs entschädigen solche Minuten für manche Mühsal. Man sitzt im leeren Saal; ist voller Befürchtungen, mit einem schweren Seufzer drückt man die Klingel zur Vorführkabine. Das Licht geht aus. Und plötzlich . . .
Ich sah das wirklich, was sich mir nur in meinen kühnsten Träumen dargeboten hatte. Gemalt in fettem Schwarz und schimmerndem Weiß, wie Unheil verheißende Vögel, standen da Männer im Frack; und hinter ihnen toste ein Bacchanal von hingetupften Flecken, ein Magma aus Röcken, Zylinderhüten, Melonen. Eine gespenstische, phantastische, vom Fieber geschüttelte Welt lag vor mir: sie lebte, sie war zur Wirklichkeit geworden. Die nicht vorhandene Welt existierte.

(. . .) Der Ball war im Hintergrund, im Vordergrund standen Leute. Die Großaufnahmen waren nicht, wie damals üblich, getrennt aufgenommen worden, sie waren wie eingefügt in die Dichtheit des Geschehens.
Aus der dunklen Masse dieses von Unruhe erfaßten Universums tauchten für Augenblicke Begebenheiten zwischen Menschen hervor. Aus dem unbestimmten Eindruck formten sich die deutlichen Umrisse von Gestalten (. . .)

Eine dieser Gestalten – die jedoch den ganzen Film hindurch immer wieder vorkam – war der Besitzer des Warenhauses (gespielt vom ›Music-hall‹-Regisseur D. Gutman) (. . .)

Ein kleiner buckliger Mann, mit einem sehr häßlichen Gesicht (er hatte die Kinnlade einer Bulldogge), in Frack und Zylinder. Er saß am Tisch eines Restaurants im Freien und studierte die Karte. Der Kellner, unterwürfig gebeugt, wartete auf die Bestellung. Durch den abendlichen Dunst hindurch nahm man die Tanzfläche wahr – Paare huschten über sie hin.

Der Rhythmus des Tanzes war gegeben durch die folgende Sequenz: das Gedränge beim Ausverkauf im Warenhaus. Die Menge der Käufer verstopfte die Flure, erschöpfte Verkäufer breiteten Stoffe auseinander; spannten Sonnenschirme aus Spitzen auf; es wurde mit Fächern gewedelt, kostbare Pelze häuften sich zu Bergen aufeinander.

Der Herr über diese Reichtümer wählte schließlich ein Menu nach seinem Geschmack; der Kellner notierte die Bestellung. Die Dämmerung wich dem Dunkel der Nacht.

Aus dem Abenddunst wurde ein Nebel aus Dampf aus der Wäscherei – Hunderte von Frauen über die Waschzuber gebeugt.

Reihen von Näherinnen, die Nähmaschinen drehend.

Schuhmacher – Greis und Kind – ohne sich einmal aufzurichten über ihre Ware gebückt, die bestimmt ist für die Schuh-Abteilung.

Derjenige, für den eine Armee von Leuten arbeitete, machte ohne Hast dem Kellner Angaben über die Zusammenstellung eines besonderen Gerichts.«

Die Einleitung des Films ist eine schnelle Folge von Impressionen, die den Augenblick vor der Katastrophe, dem Untergang des zweiten Kaiserreichs, festhalten.

Ein Eisenbahnzug, bis auf die Dächer hinauf mit Frontsoldaten beladen.

Der Ball.

Eine Operette.

Der Run auf die Bestände des Warenhauses.

Ein patriotisches Schauspiel.

Das Restaurant.

Ein einziges Thema in 6 Variationen, die abwechselnd und sich wiederholend die Leinwand beherrschen. »Die Zyklen der Einstellungen hatten Ähnlichkeit mit einem Instrumentalensemble: Streicher, Blech- und Holzinstrumente.« (Kosintzew) Ein danse macabre, in dem alle Motive anklingen, die der Film in der Folge entwickelt oder, im Gegensatz zur ›Vorlage‹, dem *Bürgerkrieg in Frankreich*, hinter dem sichtbaren Geschehen zurücktreten läßt:

Der Chauvinismus des Zweiten Kaiserreichs teilt sich in den Zwischentiteln mit, wenn die Soldaten an die Front verfrachtet werden: »Tod den Preußen!«, »Laßt ihnen das Blut in Berlin aus!«

Gleichzeitig floriert das Geschäft im ›Universalkaufhaus‹ *Neues Babylon*. In der Gegenüberstellung von schuftenden Verkäufern und müßigem Besitzer, andererseits der Einführung einer *histoire humaine*, einer Spielfilmhandlung zwischen dem Bourgeois und einer Verkäuferin, findet der Klassengegensatz aufs Objektive und Subjektive bezogene Gestaltung. Der Besitzer läßt der Verkäuferin durch seinen Geschäftsführer eine ›Einladung für den Abendball‹ übermitteln.

Der Film-Anfang beruht auf der Evidenz von Bildern, welche ›Krieg‹, ›Geschäft‹ und ›Amüsement‹ bezeichnen und durch ihre unvermittelte Aufeinanderfolge den Zusammenhang zwischen diesen Phänomenen anzeigen.

Der Film bedient sich aber auch der Möglichkeit des Stummfilms, *verschiedene* Bilder durch die *Wiederholung* eines und desselben Zwischentitels einem gedanklichen Zusammenhang zu unterwerfen, sie zu interpretieren. Ein Beispiel:

ZU VERKAUFEN! Ein Wirbel aus Sonnenschirmen, Négligés und Spitzen.
ZU VERKAUFEN! Der Verkäuferin wird die Einladung ihres Chefs überreicht.
ZU VERKAUFEN! Ein Eisenbahnwaggon voll mit Soldaten ›Nach Berlin‹.

Die Szenerie des Gartenlokals ist selbst der vollendete Ausdruck der Promiskuität, für die sie zum Schauplatz wird:

Die Kulissen der Bühne im Hintergrund erwecken den Anschein, daß sie in Felsen gehauen sei. Dieses Felsenpanorama mit künstlichem, angestrahltem Himmel gibt dem Lokal eine höhlenartige Tiefenperspektive.

Seitlich stehen unechte Palmen. An den Enden der Wedel sind Lampions angebracht. Zwischen den Palmen glitzert das Laub von Bäumen im milchigen Licht der Lampions, das nicht verrät, ob Tag ist oder Nacht.

Stühle und Tische lassen einen Garten vermuten, aber von oben ragt eine Art Kronleuchter ins Bild. In entgegengesetzter Richtung zur Bühne scheint das Etablissement über die Tanzfläche hinaus ganz ins Freie zu verlaufen.

Indem die Kamera sich getrennt dem Ball und der Bühne zuwendet, zerteilt sie den Schauplatz, dessen Einheit der Zuschauer selbst herzustellen gezwungen ist.

Die Ent-Naturalisierung der Lokalität folgt der Tendenz des Filmes, statt einer moralisierenden Sittenschilderung »die Substanz der Geschichte selbst« darzustellen.

Dem Prinzip der Dekoration entspricht das Bild der Tanzenden auf dem Ball: schattenhafte Figuren, sich nicht dem Genuß bewußt hingebend, sondern erfaßt von einem Taumel, der alle einschließt. Ihre Bewegungen sind unnatürlich, abgehackt, ausgeführt wie von Marionetten. Exzentrisch zugespitzt, wenn sie ihre Zylinderhüte in die Luft werfen. Die Sinnlosigkeit des Vergnügens, dargestellt im Delirium der Betrunkenen, der Übersättigten und im überschminkten Gesicht einer verlebten Frau.

Der Film, der sich in diesen Eindrücken nicht verliert, weil er sie einerseits anonym beläßt und sie andererseits in Beziehung hält zu den Soldaten und zum Kaufhaus-Trubel, ermöglicht durch sie hindurch die Wahrnehmung des Zustands der Bourgeoisie unter dem Kaisertum, so wie ihn Marx kennzeichnet:

»Unter seiner Herrschaft erreichte die Bourgeoisgesellschaft, aller politischen Sorgen enthoben, eine von ihr selbst nie geahnte Entwicklung. Ihre Industrie, ihr Handel dehnten sich zu unermeßlichen Verhältnissen aus; der Finanzschwindel feierte kosmopolitische Orgien; das Elend der Massen hob sich grell ab gegenüber dem schamlosen Prunk eines gleißenden, überladnen und schuftigriechenden Luxus.«[5]

Es gehört zu den Merkwürdigkeiten dieses Films, daß an ihm der Widerspruch spürbar wird zwischen seiner Tendenz zur Verallgemeinerung, die sich ausdrückt in der Montage und in der Stilisierung der Bildinhalte, und der Linearität einer Spielfilmhandlung.

Die kleine, buckelige Gestalt, die vom Zwischentitel als DER BESITZER (D. GUTMAN) vorgestellt wird (Abb. 10), betritt eine *historische* Szene, auf der er ebenfalls nur als Verallgemeinerung, d.h. paradoxerweise als Karikatur bestehen kann. Obwohl namenloser Warenhausbesitzer, scheint er doch gleichzeitig Thiers zu verkörpern, den ›Henker der Commune‹, die ›Zwergmißgeburt‹, wie ihn Marx benannt hat.

10

Als sein Pendant folgt ihm bald DER ABGEORDNETE, eine längliche Witzfigur, an die Seite. Von da an gehören die beiden zusammen. Der Lange sichert dem Bourgeois hinter den Kulissen der Varieté-Bühne einen Regierungsauftrag zu. Danach spielt sich zwischen ihnen individuell nichts mehr ab. Um so mehr werden sie in ihrer Häßlichkeit zur wahren Personifikation des Parlamentarismus. Eine Herrschaftsform, die den Abschnitt in der historischen Entwicklung bezeichnet, in dem die Regierung unter parlamentarische, d. h. unter die direkte Kontrolle der besitzenden Klassen gestellt ist.

Marx hat im *Bürgerkrieg* Ursprung und Folgen dieser Entwicklung beschrieben. Zu den letzteren gehört, daß

»in dem Maß, wie der Fortschritt der modernen Industrie den Klassengegensatz zwischen Kapital und Arbeit entwickelte, erweiterte, vertiefte, in demselben Maß (...) die Staatsmacht mehr und mehr den Charakter einer öffentlichen Gewalt zur Unterdrückung der Arbeiterklasse, einer Maschine der Klassenherrschaft«

erhielt.

Zwischen den Schießbudenfiguren des ›Besitzers‹ und des ›Abgeordneten‹ stellt sich während des Films keine konkrete menschliche Beziehung her, auch nicht zwischen ihnen und anderen Personen. Die eine Ausnahme am Anfang besagt es, daß ihr wahres Wesen der Kontrakt ist, der den Politiker an die Macht delegiert und dem Mann der Wirtschaft Garantie ist für privaten Besitz und florierendes Geschäft.

Sie äußern sich nicht weiter in Taten, sondern erfüllen, in der Gegenüberstellung mit dem Volk von Paris, die Funktion des reinen, leibhaftigen Ausdrucks von Klassenverderbtheit.

So wie auch DIE SCHAUSPIELERIN (S. MAGARILL) im Verlauf des Films keine Entwicklung erfährt. Sie ist später in Versailles nochmal zu sehen und figuriert hier wie da – mit dem Zwicker auf dem rechten Auge und der Zigarre zwischen den weichen, grellgeschminkten Lippen – als Inkarnation unbändiger Frivolität.

Die Einladung zum Ball, die der Besitzer des *Neuen Babylon* an seine Verkäuferin ergehen läßt, setzt ebenfalls nichts in Gang in bezug auf Handlung, Psychologie, etc. Es bleibt bei der typischen Verlegenheit des Mädchens.

»Ich dürste nach Liebe« verrät der Patron, und der Zwischentitel wiederholt es, wo der Abendball ausartet zur Orgie: »Wir alle dürsten nach Liebe«.

Es ist nicht der eine Lebemann, der hier seinen Durst an der Verkäuferin stillt, die er über Tag in seiner Firma schon ausgesaugt hat. Hier dürstet eine ganze Klasse von Ausbeutern und ihren Schmarotzern nach Liebe.

In ihrem Aufsatz *La métaphore Commune*[6] haben die *Cahiers du Cinéma* auf die Stelle bei Marx gewiesen, wo er dieses Phänomen behandelt:

»Mit der Entwicklung der kapitalistischen Produktionsweise, der Akkumulation und des Reichtums«, schreibt er im ersten Band des *Kapital*, »hört der Kapitalist auf, bloße Inkarnation des Kapitals zu sein. Er fühlt ein ›menschliches Rühren‹ (...) für seinen eignen Adam und wird so gebildet, die Schwärmerei für Askese als Vorurteil des altmodischen Schatzbildners zu belächeln. Während der klassische Kapitalist den individuellen Konsum als Sünde gegen seine Funktion und ›Enthaltung‹ von der Akkumulation brandmarkt, ist der modernisierte Kapitalist imstande, die Akkumulation als ›Entsagung‹ seines Genußtriebs aufzufassen. ›Zwei Seelen wohnen, ach! in seiner Brust, die eine will sich von der andren trennen!‹«[7]

Einzig Louise, die Verkäuferin, und die Leute aus dem Volk, die später noch auftauchen, schließen sich in ihrem Handeln für die Verteidigung von Paris und der Commune zu einem Kreis von Menschen zusammen, die füreinander einstehen. Insofern sind sie zu den Kunstfiguren und Masken der lebendige Gegensatz, und innerhalb der politisch-historischen Konstruktion *Commune*, wie der Film sie *im Nachhinein* gestaltet, gestützt auf die Interpretation durch Marx, bildet das Volk eine kleine Welt für sich.

Noch einmal greifen seine Exponenten zur Waffe, noch einmal sterben sie ihren heldenmütigen Tod, obwohl ihr Schicksal von Anfang an besiegelt ist. Während die herrschende Klasse wie damals zuschaut.

11

So wie mit dem Schauplatz des Theater-Restaurant-Tanzlokals und den Bourgeois, die sich in ihm tummeln, verfährt der Film mit dem Verhältnis von dargestelltem Zeitablauf im Film und historisch bezeichneter Zeit. Das Verhältnis ist *unnatürlich*. Ihre euphorischen Schlachtrufe für die Soldaten, den Kriegsausbruch signalisierend, sind noch nicht verklungen, da versetzt schon die Nachricht von der Zerschlagung ihrer Armee die Müßiggänger in Panik. Die in der Prophezeiung von Marx beschlossene objektive Gleichzeitigkeit von Krieg und Untergang hat damit im Film ihre Formulierung gefunden:

»Was immer auch der Verlauf des Krieges Louis Bonapartes mit Preußen sein möge, die Totenglocke des zweiten Kaiserreichs hat bereits in Paris geläutet.«[8]

Und auf der Bühne des Theaters, wo am Anfang Viktoria noch unter dem Beifallsklatschen der Zuschauer die Siegeskrone zu Füßen von ›Frankreich‹ gelegt hat, erschallt ihr Echo: Die Tänzerin ›Preußen‹ eilt freudigen Herzens in die Richtung, von der die Ulanen, in der Einstellung vorher (Abb. 11), auf Paris heranrückten. ›Frankreich‹ liegt jetzt ausgestreckt am Boden in einer Ecke.

Die Originalmusik zu *Das neue Babylon* schrieb Dimitri Schostakowitsch.

»Ein Jüngling, schreibt Kosintzew, äußerlich wirkte er wie ein Schulbube[9] – mit runder Brille und einer großen ledernen Aktentasche – erwartete uns im Studio. Nachdem er den Film (der noch nicht ganz montiert war) gesehen hatte, gab er seine Einwilligung, die Partitur zu schreiben. Uns schwebte dasselbe vor: die Sequenzen nicht zu illustrieren, sondern ihnen eine neue Qualität, eine neue Dimension zu geben; die Musik sollte sich der Handlung entgegenstellen, mit dem Ziel, die tiefe innere Bedeutung dessen, was sich zutrug, zu entschleiern. Was haben wir uns nicht alles einfallen lassen! ... ›Die Marseillaise‹ sollte sich vermischen mit der ›Schönen Helena‹, die großen tragischen Motive sollten kontrastieren mit der Schlüpfrigkeit der Galopp-Tänze und Cancans.

In vieler Hinsicht nahm diese Arbeit den Tonfilm vorweg: die Leinwand wechselte ihren Ausdruck (...) Das musikalische Motiv der Invasion – noch fern, gedämpft – wurde vernehmbar zu den Bildfolgen mit dem Journalisten, die Depesche verlesend; das Motiv wurde deutlicher während die Kavalleristen galoppierten; seine volle Wucht erreichte es jedoch erst, als man auf der Leinwand die verlassene Tanzfläche sah. Ein einsamer Betrunkener machte Luftsprünge, während im Orchester die drohende Gewalt tobte und in ein donnerndes Tutti ausbrach.«

Der 1. September 1870 war der Tag der Kapitulation der französischen Armee. Am 4. September proklamierten die Pariser Arbeiter die Republik. Am 28. Januar 1871 kapitulierte das ausgehungerte Paris nach fünfmonatiger Belagerung. Aber die Nationalgarde behielt ihre Waffen und Kanonen und trat nur in Waffenstillstand gegen die Sieger.

Thiers, dem neuen Regierungschef, war es einsichtig, daß die Herrschaft der besitzenden Klassen gefährdet war, solange die Pariser Arbeiter die Waffen in der Hand behielten.

»Am 18. März sandte er Linientruppen mit dem Befehl, die der Nationalgarde gehörige, während der Belagerung von Paris angefertigte und durch öffentliche Subskription bezahlte Artillerie zu rauben. Der Versuch schlug fehl, Paris rüstete sich wie ein Mann zur Gegenwehr, und der Krieg zwischen Paris und der in Versailles sitzenden Regierung war erklärt. Am 26. März wurde die Pariser Kommune erwählt und am 28. proklamiert.«[10]

Die Reihe dieser historischen Daten verknüpft sich in der Erinnerung an diesen Film mit der Vorstellung von einzelnen Bildern, die komponiert sind wie Gemälde, unter denen geschrieben sein könnte: ›Die Belagerung von Paris‹, ›Die Hungersnot von Paris‹, ›Die Nationalgarde sammelt Geld für Kanonen‹.

›Die Belagerung von Paris‹:

12

Totalaufnahme. Eine weite, mondüberglänzte Ebene. Ganz im Hintergrund der Mond, eingefaßt in seinen Lichthof. Mitten in diesem unendlichen Feld ein einzelner Wachtposten auf seinem Pferd. Links im Vordergrund ragt die Trikolore ins Bild. (Abb. 12)

Das Bild erscheint verschiedene Male in geringer Variation. Einmal zu dem Zwischentitel ›Paris wird belagert‹, später zu ›Die Nationalgarde der Arbeiter verteidigt die Stadt‹.

›Die Hungersnot von Paris‹:

Eine enge, schneebedeckte Straße mit kubistisch anmutenden Häuserfassaden zur Rechten. Unter einer Laterne, die fahles Licht ausströmt, stehen dicht aneinandergedrängt Frauen in einer Schlange. Sie warten die ganze Nacht hindurch vor einem Geschäft (Abb. 13). Dieses Bild könnte der berühmten Einstellung aus *Die freudlose Gasse* von Georg Wilhelm Pabst nachempfunden sein. Es erscheint ebenfalls mehrmals in leicht veränderter Form.

Zuerst als Schlußbild in einer Kette von Einstellungen zu den Zwischentiteln ›Das fröhliche Paris‹:

13

– eine arme Frau am Waschtrog,
›Das sorglose Paris‹:
– ein krankes Mädchen im Bett,
›Das satte Paris‹:
– die schlangestehenden Frauen.
Die analoge Bildfolge vom Ball enthielt:
Cancan, einen betrunkenen Tänzer und einen johlenden Fettwanst.

›Die Nationalgarde sammelt Geld für Kanonen‹:

Es ist schwierig, zu der Formulierung von Engels ›durch öffentliche Subskription bezahlte Artillerie‹ die entsprechende Einstellung im Film zu identifizieren. Drei Gestalten in zerlumpter Uniform nähern sich langsam den Frauen, die in ihre Tücher vermummt an der Häuserwand stehen. Wenn der eine seine Blechbüchse vorhält, die erste der Frauen anfängt, ihr Geld zu zählen und schließlich auch andere Frauen was geben, dann ist die Stimmung der Szene dennoch so niedergedrückt, die Not dieser Menschen so offenbar, daß keine Hoffnung sich mit ihrer Geste verbindet.

Es ist nur die Starrheit des Reiter-Bildes und des Bildes der wartenden Frauen gelöst. Diese traumatischen Bilder, die den Eindruck machen, als wäre die Geschichte selbst in ihnen zum Stillstand gekommen, so wie die Wunde am Körper den Augenblick der Verletzung in sich bewahrt . . .

Und in dieses gefrorene Bild von der Hungersnot tragen die Gardisten, selbst hungernd, nun ihr Handeln hinein. Das lautlose und wie im Traum registrierte Zusammentreffen wird durch die Verschmelzung der beiden Bildelemente zum unmittelbaren und reinen Ausdruck der Annäherung.

Eine Annäherung, die sich dann zu Vertrautheit und familiärer Beziehung zwischen Personen entwickelt, die bisher in ihrer Identität nicht näher bezeichnet waren.

So figurierte ›das kranke Mädchen‹ zunächst einzig als Kontrast zu dem Titel DAS SORGLOSE PARIS.

Eine der Frauen, ihr letztes Geld ›zu den Kanonen‹ gebend, als Symbol des verzweifelt-entschlossenen Widerstands.

Die nächste Einstellung verrät, daß diese Frau, eine Wäscherin, die Mutter des Mädchens ist . . . und von Louise, der Verkäuferin, am Anfang das zerbrechliche Sexualobjekt, Gegenbild zu ihrer Bulldogge von Patron.

Der Vater ist ein grauhaariger Schuster mit einem langen Bart, in dessen Haus auch DER JOURNALIST verkehrt. Eine Gestalt, die auf den Journalisten Félix Pyat[11] verweist, den Marx als das *mauvais génie*, den bösen Geist der *Commune* bezeichnet hat.

Auf seine Bemerkung »wenn sie Paris nehmen, dann zahlen für den Krieg die Arbeiter, nicht der Bourgeois« folgt die Nachricht von der Kapitulation, deren Wesen Marx mit den Worten gekennzeichnet hat:

»Ein Sieg von Paris über den preußischen Angreifer wäre ein Sieg gewesen des französischen Arbeiters über den französischen Kapitalisten und seine Staatsparasiten. In diesem Zwiespalt zwischen nationaler Pflicht und Klasseninteresse zauderte die Regierung der nationalen Verteidigung keinen Augenblick – sie verwandelte sich in eine Regierung des nationalen Verrats.«[12]

Und dann, als Reaktion auf das Bekanntwerden der Kapitulation von Paris, wird von den Frauen, die wiederum vor dem Laden schlangestehen, und in der Wohnstube des alten Schusters, gleichzeitig der Entschluß gefaßt, die Kanonen der Arbeiter in Sicherheit zu bringen.

So verbinden sich zwei Menschengruppen, wie sie *in der Einstellung* der ›Subskription‹ sich einander genähert hatten, von verschiedenen Schauplätzen kommend, *in der Vorstellung der Zuschauer.*

Die Entschlossenheit dieses gemeinsamen Handelns und der hohe Grad von Bewußtsein, den es verrät, erfährt im Film weniger eine positive Darstellung, als daß umgekehrt seine Negation in der Gestalt eines kriegsmüden, wie in Trance umherwandelnden, zu keiner Parteinahme zu bewegenden Soldaten an der Seite von Louise in den Mittelpunkt rückt.

Die Szene in ihrem Elternhaus, wo der zerlumpte und abgekämpfte Soldat um ein Almosen gebeten hat, der Vater seine Stiefel flickt und Louise das Brot mit ihm teilt, wirkt in der Detailliertheit und Langsamkeit, mit der die Blicke und Gesten, die Verlegenheit des Soldaten und seine Unentschlossenheit ausgebreitet werden, geradezu unökonomisch innerhalb der synthetischen Verfahrensweise dieses Films.

Dieses Schwelgen in der Darstellung seelischer Regungen könnte man sich einem Film von Griffith entnommen denken. Es verrät den melodramatischen Untergrund, auf dem Filme gebaut sind, die den Versuch unternehmen, politisches Handeln auf den Geburtsakt eines Entschlusses zurückzuverfolgen, aus dem moralischen Wollen des Einzelnen zu erklären und diese individuellen Phänomene durch Übertragung in optische Gleichnisse darzustellen.

Diese Gleichnisse ergäben, zusammengefaßt, einen Katalog der Konventionen von bürgerlichen Schauspielern in Proletarier-Rollen.

Dieser Entschluß des Soldaten wird im *Neuen Babylon* nicht geboren. Seine Erlebnisse kann er nicht verarbeiten, er weiß nicht, was mit ihm geschieht, und sein Wille ist rückwärtsgewandt:

»Was soll ich mit euren Kanonen? Ich hab genug vom Krieg. Ich will zurück in mein Dorf.«

So steht er, als *individuelles* Phänomen, für den Entschluß und den Willen, die *nicht* zustandekommen, während sich der Wille der anderen durch nichts vermittelt als durch die Taten, die sie gemeinsam vollbringen.

»Am Morgen des 18. März, lautet der Zwischentitel, brachte die Arbeitergarde ihre Kanonen in Sicherheit.«

Die Zeit zwischen diesem 18. März und dem Tag der Kapitulation von Paris, dem 28. Januar, hat der Film übersprungen.

Damals ging es darum, die Kanonen vor den Preußen nach Montmartre zu holen. Jetzt sind sie gegen den Raubzug der Truppen von Thiers zu verteidigen.

»Es ist bekannt, schreibt Marx, wie dieser Versuch scheiterte, am Widerstand der Nationalgarde und an der Verbrüderung der Truppen mit dem Volk.«

Diese Verbrüderungsszene ist frei von moralisierender Belehrung der Truppen. Es wird nicht der Umschwung ihrer Gesinnung, als innere Wandlung, zum Gegenstand einer dramatischen Darstellung gemacht, sondern umgekehrt hat man den Eindruck, daß die objektive Zusammengehörigkeit der Soldaten mit den Leuten, unter deresgleichen sie selbst aufgewachsen sind, hier auf natürliche, selbstverständliche Weise zur Realität, d. h. zu einem Faktor wird, der die Situation mit entscheidet. Die Frauen und Mütter der Arbeiter geben den Soldaten Milch zu trinken und schäkern mit ihnen.

»Prachtburschen! Schöne Jungs! Wär' ich nur ein wenig jünger!«
bekommt ein ergrauter Veteran zu hören.

Die Vorbereitungen zur ›Ausrottung der Blüte der Pariser Kanaille‹, wie sich einer von Thiers' Generälen ausdrückte, liefen parallel zu den Vorbereitungen für die Eröffnung der Operette. Und während den Gardisten, der die Kanonen bewacht hatte, die tödliche Kugel trifft, dürstet die Bourgeoisie im Parkett wieder nach Liebe.

»Wem dient ihr?« fragen die Arbeiterinnen die Soldaten, und der Besitzer des *Neuen Babylon* greift nach seinem Geld . . . um es einer Sängerin zu geben.

Die Einleitung der Konfrontation zwischen den Truppen, deren Exponent ein schneidiger junger Offizier ist, und dem Volk, symbolisiert durch ›die Frauen und Mütter der Arbeiter‹, hat einen sehr künstlichen Aufbau.

Die Szene ist ein Abhang, auf dem – von unten aufgenommen – die Silhouetten von fünf Kanonen gegen den Himmel ragen. Der Offizier treibt seine Soldaten an, sich zu beeilen. Unten, am Fuße des Abhangs, erscheint – wie von den obersten Stufen eines Amphitheaters aus betrachtet – eine einzige Frau. In der nächsten Einstellung sind es fünf. Dann eine ganze Menge, aus der die erste nach vorne tritt und hinaufruft:

»Was machen Sie hier?«
Dann sind die Frauen oben bei den Kanonen. Es folgt die Verbrüderungsszene.

Die Episode des 18. März ersetzt nicht die Vorstellung von der Dimension des Volksaufstandes, den dieses Datum bezeichnet. In bezug auf die militärische Durchführung dieser Revolution, die zur Machtübernahme des ZK der Nationalgarde und zur Flucht der bürgerlichen Regierung nach Versailles führte, gibt sie kaum einen Aufschluß. Es ist in dieser Szenenfolge vielmehr eine Form gefunden, in der sich die wesentlichen Aspekte jener Ereignisse unverhüllt durch Zufälligkeiten und Einmaligkeiten klar erkennen lassen:

die Würde, mit der das Volk, verkörpert durch die Frauen, die Szene betritt;

das Herunterspielen der Militäraktion auf das, was sie wirklich war: ein schäbiger Versuch des Diebstahls;

die Abwesenheit der Bourgeoisie (die Operette), die ihr Geschäft durch die Söhne des Volks besorgen läßt;

Verbrüderung. Bezeichnung der Gegenwehr von ganz Paris durch das Auftauchen der Nationalgarde und der Worte des Journalisten: »Das Volk wird sich nicht entwaffnen lassen!«

Von dieser Prophezeiung springt der Film – über die Metapher einer Waschfrau, die in jähem Zorn ihre Lauge hochspritzen läßt – gleich zur vollendeten Tatsache: »Die Operette ist durchgefallen« erregt sich der Kaufhaus-Direktor. »Zum Rathaus!« ruft der Journalist. »Nach Versailles! beschließt der Abgeordnete, dort fangen wir von vorn an.«

Und so erreicht der Film den Lakonismus der Formulierung von Marx:

»Es ist bekannt, wie dieser Versuch scheiterte . . .«

Man könnte sich eine verfilmte Liebesgeschichte vorstellen ›vor dem erregenden Hintergrund des Bürgerkriegs in Frankreich‹.

Die Spur eines solchen Films kommt in der Beziehung zwischen Louise und dem Soldaten zum Vorschein. Wenn sie ihn plötzlich, während die Truppen nach Versailles retirieren, bei seinem Namen ruft: »Jean, geh' nicht!«, dann prägt diese Geste, so wie die Schritte der Soldaten in den Schlamm ihre Spuren eingraben, in denen sie als Negation enthalten sind, das Element einer privaten Geschichte in die politisch-historische Substanz des Films.

Die *Commune*.

Zwischentitel: »Seit Jahrhunderten steht Paris.«

Totalaufnahme der Stadt. Die Wasserspeier von Notre-Dame, halbnah: ein Dämon, den Kopf zwischen den Händen.

Titel: »Paris ist nicht mehr.«

Totale: die Vendôme-Säule, »das kolossale Symbol des Kriegsruhms«, stürzt nieder. Großaufnahme: das Aufwallen von Seifenschaum. Die Begeisterung der Pariser Arbeiterinnen. Wäscherinnen. Näherinnen. Ein Schuhmacher.

»Warum arbeiten wir fröhlicher?«

»Wir werden für uns selbst arbeiten und nicht für die Herren.«

Halbnah: abwechselnd verschiedene Leute bei der Arbeit. Jede Einstellung korrespondiert mit einem Titel, der sich auf einen Beschluß der *Commune* bezieht:

»Wir werden nachts nicht mehr arbeiten.« – »Unsere Kinder werden kein Kanonenfutter für die Reichen sein.« – »Man wird uns nicht aus unseren Wohnungen rauswerfen.«

Die vollständig versammelte *Commune*. Arbeiter. Der Journalist. Es wird debattiert. Der Journalist lehnt die Verstaatlichung der Banken ab: »Nein. Wir wollen niemandem drohen. So wie uns niemand bedroht.«

Nah: Ein Wasserspeier von Notre-Dame, *mit herabhängenden Armen.*

Diese Bilderchronik vom Enthusiasmus an den Produktionsstätten ist gleichzeitig die tiefste Interpretation jener wunderbaren Verwandlung, die die *Commune* an Paris vollzogen hatte:

»Paris ist ein wahres Paradies, schrieb der Maler Manet in einem Brief, Paris läuft ganz allein! Wie auf Rollen!«

Wenn der Film dann in die Bildfolge von der befreiten Arbeit die arbeitende *Commune* unmittelbar einschließt, dann als die Zusammenfassung des politischen Willens des »arbeitenden und denkenden« Paris, die »dem gesellschaftlichen Körper alle die Kräfte zurückgegeben haben (würde), die bisher der Schmarotzerauswuchs ›Staat‹, der von der Gesellschaft sich nährt und ihre freie Bewegung hemmt, aufgezehrt hat.«[13]

Versailles.

14

15

Der Komplex ›Versailles‹ steht dem geschlossenen Block ›Paris‹ gegenüber. Aber auch innerhalb von ›Versailles‹ sind an drei Stellen Bilder eingefügt, die zum Bestandteil von ›Paris‹ gehören. In der *Gegenüberstellung* findet der Antagonismus der Klassen seinen zugespitzten Ausdruck. Die *Einblendungen* aus ›Paris‹ intensivieren diesen Kontrast im Hinblick auf den bevorstehenden Bürgerkrieg:

Jean, fremd in der Nähe dieser »Versammlung der Ghuls* aller verstorbenen Regimes« (Marx) zu Versailles, gedankenverloren (Abb. 14) /

Louise, als Projektion von Jean, in Paris (Abb. 15):

Jean ist nicht nur getrennt von Louise, sondern – auf der Seite seiner objektiven Widersacher – sich selbst entfremdet.

Der Abgeordnete hetzt die Soldaten auf /

der Journalist beschwichtigt die *Commune*: »Keinerlei Anwendung von Gewalt!«

Unter den Klängen der Marseillaise rüstet die Bourgeoisie zu ihrem grausamen Rachefeldzug /

die Kanonen der *Commune* auf einer Anhöhe.

* leichenfressende Dämonen

Der 49. Tag des Kampfes.
»Die Kommune ist eingekreist, abgeschnitten. Die Versailler sind durchgebrochen.«

Da gibt ein Nationalgardist das Signal zum Aufbau der Barrikade: mit einer Eisenstange sticht er den ersten Stein aus dem Straßenpflaster. Die Steine häufen sich. Von einem Balkon wirft ein alter Mann Stühle, Matratzen und Federbetten aus seiner Wohnung. Eine Kutsche, ein Klavier werden zu Bollwerk, und die Bestände der Abteilung ›Spitzen‹ des *Neuen Babylon* dienen als Verbandszeug.

Und während der Journalist bei der Barrikade erscheint mit den Worten:
»Eure Auserwählten werden mit euch sterben!«,
siehe da: die »Versailler Bourgeois auf Balkonen, Terrassen, den Belvederen gruppiert, um als Zuschauer zu verfolgen, wie das aufständische Paris zur Raison gebracht wird.«[14]

Es ist der Anführer der Kanonenräuberbande, der schneidige Offizier, der den ersten Schuß aus seiner Pistole abfeuert. Jean erschießt seinen Wohltäter, den Schuster, und wird von Louise entwaffnet. Bei der Barrikade, wie vorher bei den Kanonen ›ist die Welt klein‹.

Es vermitteln sich in diesen Szenen historische Rekonstruktion und Vertrautheit mit den Kommunarden, politische Demonstration und private Intimität zur Erkenntnis, daß die Geschichte, heute Gegenstand der Analyse, von diesen einfachen Menschen *gemacht* wurde und daß jeder einzelne der Akteure mit diesem welthistorischen Ereignis seine besondere, begrenzte Erfahrung verbunden hat.

Die verspielt-verliebte Begeisterung des ›Barrikadenmädchens‹ und des jungen Soldaten wird registriert wie von einer Wochenschaukamera. Kein Ausschnitt aus einer Liebes-Episode ›vor dem flammenden Hintergrund der Pariser Barrikadenkämpfe‹, sondern dieselbe Freude, mit der die Arbeiter und Arbeiterinnen der *Pariser Commune* wuschen, nähten, Nägel klopften, hier nun hineingetragen in die militärische Aktion.

Keine separate Liebesgeschichte vor politischem Dekor, sondern eine Zuneigung, die, aus der Gemeinsamkeit der individuellen Interessen heraus, selbst zum Bestandteil der politischen Szene wird und hieraus ihre Substanz bezieht. Verallgemeinerung aus der besonderen Natürlichkeit des wie beiläufig von der Kamera eingefangenen Verhaltens der beiden Verliebten.

Dann verwendet der Film das entgegengesetzte Mittel: das verfremdende Arrangement, die pathetische Überhöhung der Szene. Im Chaos der aufgewühlten, verbarrikadierten Straße, umgeben von den Leichnamen getöteter Kommunarden, setzt sich einer ihrer Abgeordneten ans Klavier, und, es ein zweites Mal umfunktionierend, spielt er eine elegische Weise, Beschwörung und Abgesang auf die Worte des Journalisten: »Vor uns liegt eine ewige Zeit. Wir werden alles lösen können.« (Abb. 16)

16

Schließlich entsteht die Bedeutung überhaupt nicht mehr aus der Szene selbst, sondern als das Resultat einer Gegenüberstellung von Bildern mit verschiedenen *Schauplätzen.*

Nachdem die Barrikade gestürmt ist, steht Jean, der Soldat, verloren da, mit dem Rücken zur Kamera. Er wendet sich um (Abb. 17), und sein Blick trifft /

auf die nächste Einstellung: zu Versailles klatscht das »Phantasie-Paris« Beifall (Abb. 18) /

Schnitt: Jean, als hätte er das Händeklatschen vernommen, schaut irritiert in diese Richtung.

In Paris herrscht Ruhe und Ordnung.

»Und doch, den Morgen nach jenem schrecklichen Kampf, und selbst ehe er vollständig ausgefochten war, begann Rom, erniedrigt und verderbt, von neuem sich zu wälzen in jenem Sumpf der Wollust, der seinen Leib zerstörte und seine Seele befleckte – hier Kämpfe und Wunden, dort Bäder und Restaurants.«[15]

Drinnen, im Café *Empire* sitzen sie wieder prassend beisammen: der Direktor und sein Abgeordneter, die Lakaien, Hochstapler und Kokotten.

Draußen, im Regen, ihre Helfershelfer, die Soldaten, ausgezehrt, verwundet und jetzt, wo sich ihre Herren in Sicherheit wiegen, von ihnen verachtet.

Die Klassentrennung Paris – Versailles hat sich in die Einstellung verlagert: sie wird jetzt markiert von der Schwelle zum Café *Empire*. Babylone Nouvelle.

Das Gericht.

Das Gericht richtet im Freien. Der junge Offizier führt den Vorsitz. Noch einmal stehen die bekannten Frauen Schlange. Diesmal im strömenden Regen, ihr Urteil zu empfangen.

Der Hinterlader tötet nicht schnell genug, und die Totengräber im Hintergrund der Einstellung müssen schuften, um die Haufen von Leichen loszuwerden. Sie tun es im Zeichen des Kreuzes und der Jungfrau Maria.

»Die Zivilisation und Gerechtigkeit der Bourgeoisordnung tritt hervor in ihrem wahren, gewitterschwangern Licht, sobald die Sklaven dieser Ordnung sich gegen ihre

17

18

Herren empören. Dann stellt sich diese Zivilisation und Gerechtigkeit dar als unverhüllte Wildheit und gesetzlose Rache.«[16]

Jean geht den Weg des geringsten Widerstands bis zu Ende: er schaufelt auf Geheiß das Grab für Louise aus.

Aber der Film betrifft nicht ihn als Individuum, abstrahiert von den Bedingungen seiner Existenz. So kann Louise ihm zurufen:

»Wir treffen uns noch, Jean! Wir werden in unser Paris kommen!«

Und die Verurteilten sterben mit dem Ruf auf den Lippen:

»Es lebe die Commune!«

»Daß nach dem gewaltigsten Krieg der neuern Zeit die siegreiche und die besiegte Armee sich verbünden zum gemeinsamen Abschlachten des Proletariats – ein so unerhörtes Ereignis beweist, nicht wie Bismarck glaubt, die endliche Niederdrückung der sich emporarbeitenden neuen Gesellschaft, sondern die vollständige Zerbröcklung der alten Bourgeoisgesellschaft. Der höchste heroische Aufschwung, dessen die alte Gesellschaft noch fähig war, ist der Nationalkrieg, und dieser erweist sich jetzt als reiner Regierungsschwindel, der keinen andern Zweck mehr hat, als den Klassenkampf hinauszuschieben, und der beiseitefliegt, sobald der Klassenkampf im Bürgerkrieg auflodert.«[17]

1 Zit. n. Grigori Kozintsev: La fin des années vingt, in: Cahiers du Cinéma 230. Paris o. Jg. Juli 1971. S. 5 ff.

2 Staatliche Produktionsfirma. 1922 gegründet, 1924 Sowkino benannt.

3 Film von Iwan Perestiani, 1925.

4 Die FEKS (Fabrik des exzentrischen Schauspielers, gegründet und geleitet von Kosintzew und Trauberg) hatte schon sechs Filme realisiert: *Abenteuer eines Oktoberkindes*, 1925; *Mischka gegen Judenitsch*, 1925; *Das Teufelsrad*, 1926; *Der Mantel*, 1926; *Brüderchen*, 1927; *S.V.D.*, 1927.

5 Karl Marx: Der Bürgerkrieg in Frankreich. Berlin 1963. S. 69.

6 Cahiers du Cinéma 232. a.a.O. Oktober 1971. S. 50.

7 Karl Marx: Das Kapital. Band 1. Berlin 1971. S. 619 f.

8 Erste Adresse des Generalrats über den Deutsch-Französischen Krieg, in: Karl Marx: Der Bürgerkrieg in Frankreich. a.a.O. S. 27.

9 Der Komponist war damals 23 Jahre alt. (Zitat und Anmerkung aus: Cahiers du Cinéma 230. a.a.O. S. 14.)

10 Friedrich Engels: Einleitung, in: Karl Marx, Der Bürgerkrieg in Frankreich. a.a.O. S. 12 f.

11 *Pyat*, Félix (1810–1889), französischer Publizist und Politiker; kleinbürgerlicher Demokrat, Gegner einer selbständigen Arbeiterbewegung, führte jahrelang eine Verleumdungskampagne gegen Marx und die IAA (Internationale Arbeiterassoziation, Anm.); Deputierter der Nationalversammlung von 1871; Redakteur der Zeitung ›Le Vengeur‹; Mitglied der Pariser Kommune (10. Arrondissement); emigrierte nach Niederschlagung der Kommune nach England. Aus: Karl Marx, Friedrich Engels: Tagebuch der Pariser Kommune. Berlin (DDR) 1971.

12 Karl Marx: Der Bürgerkrieg in Frankreich. A.a.O. S. 46.

13 A.a.O. S. 72 f.

14 Mario Verdone / Barthélemy Amengual: La FEKS. Paris 1970. S. 90.

15 Karl Marx: a.a.O. S. 96 (nach Tacitus).

16 A.a.O. S. 94 f.

17 A.a.O. S. 101.

La Marseillaise

La Marseillaise ist die ›Chronik einiger Geschehnisse, die zum Sturz der Monarchie beigetragen haben‹. Die verschiedenen Stadien der Großen Französischen Revolution, auf die sich der Film bezieht, werden begrenzt durch die historischen Daten des 14. Juli 1789 (Revolte von Paris; Sturm auf die Bastille) und des 10. August 1792 (siegreicher nationaler Aufstand; Sturz des Thrones). Ein Epilog führt zum Vorabend des ›Tags von Valmy‹, des 20. September 1792. An diesem Tag hielt die Armee der Sansculotten der preußischen Armee stand. Die Revolution offenbarte ihre Kraft.

Die Komposition des Films ist, entsprechend der einer Sinfonie, gekennzeichnet durch drei, in besonderer Weise voneinander abgesetzte Sätze oder Erzählblöcke.

Der erste betrifft die allgemeine Entwicklung der Revolution während der Jahre 1789–1792.

Der zweite handelt vom Marsch der 500 Marseiller Freiwilligen zwischen dem 2. und 30. Juli 1792 nach Paris. Sie trafen sich dort mit anderen Föderierten aus allen Gegenden des Landes, um vor König und Nationalversammlung den Willen der ganzen Nation zum Ausdruck zu bringen. Unterwegs und beim Einzug in die Hauptstadt sangen sie die später nach ihnen benannte Hymne, die ›Marseillaise‹.

Im dritten Teil gibt der König sein Einverständnis für die Veröffentlichung des ›Manifests von Braunschweig‹, und das Volk antwortet mit dem Aufstand vom 10. August.

Die Revolution von 1789 wurde von der bürgerlichen Minderheit des Tiers geführt und in Krisenzeiten von der Masse des Stadt- und Landvolkes, die man zuweilen den Vierten Stand *genannt hat, unterstützt und vorwärtsgetrieben. Dank der Allianz mit dem Volk zwang die Bourgeoisie dem Königtum eine Verfassung auf, die ihr den Hauptanteil an der Macht verlieh. Sie identifizierte sich mit der Nation und versuchte, den König an die Herrschaft des Gesetzes zu binden. Die Nation, der König, das Gesetz: dieses ideale Gleichgewicht schien einen Augenblick lang Wirklichkeit zu werden. Am Jahresfest des 14. Juli 1790 kam die Nation in einem wahren Freudentaumel mon-*

archischer Gesinnung zusammen. Der feierliche Schwur vereinte ›die Franzosen unter-
einander und die Franzosen mit ihrem König zur Verteidigung von Freiheit, Verfas-
sung und Gesetz‹. 1790 aber bestand die Nation im wesentlichen aus der Bourgeoisie;
sie allein besaß sowohl die politischen Rechte, als auch die wirtschaftliche Macht und
die geistige Vorherrschaft.

Die Union zwischen Nation und König unter dem Schutz des Gesetzes erwies sich als
brüchig. Die Aristokratie suchte ebenso wie die Monarchie nach ihrer Revanche. Die
Bourgeoisie — nun an der Macht — wurde zwischen der Angst vor einer aristokratischen
Restauration und der vor einem Aufstand des Volkes hin- und hergerissen. Die Flucht
des Königs am 21. Juni 1791 und das Blutbad auf dem Marsfeld teilten die Bour-
geoisie in zwei Fraktionen. Die feuillants[1] betonten in ihrem Haß auf die Demokratie
den bürgerlichen Charakter der Verfassung und behielten die Institution der Monarchie
als ein Bollwerk gegen die Bestrebungen des Volkes bei. Die girondistische Fraktion
haßte die Aristokratie und den Despotismus, griff das Königtum an und zögerte nicht,
das Volk aufzurufen, nachdem einmal der Krieg losgebrochen war, der nach ihren
Berechnungen alle Schwierigkeiten lösen sollte.

Die Bourgeoisie wurde rasch vom Volk überrannt, das in seinem eigenen Interesse
handeln wollte. Die Revolution vom 10. August 1792 bereitete dem von den Konsti-
tutionalisten eingesetzten Regime ein Ende. Das Bündnis der neuen Nation mit dem
König als dem natürlichen Verteidiger des Ancien Régime und der Feudalaristokratie
war tatsächlich undurchführbar.[2]

Jean Renoir:
»Historische Filme sind solche, die vorgeben, daß sie sich in der Vergangenheit
zutragen. Ihre Handlung ist nicht immer von derselben Art: einmal läuft sie darauf
hinaus, uns zum Weinen, und ein andermal, uns zum Lachen zu bringen. Aber stets ist
sie in ein und derselben Epoche angesiedelt: ›der historischen Epoche‹. Man gebraucht
dafür auch den Ausdruck ›die Vergangenheit‹.
Die Vergangenheit, das fängt an bei Sesostris[3]
und endet bei Poincaré[4].«[5]

Die spezifische Seichtheit, welche die ›historischen Filme‹ kennzeichnet, beruht in der
Unverbindlichkeit, welche in einem vagen Gefühl von Vergangenheit begründet ist,
das die Filme wie eine Glasur von Anfang bis Ende überzieht. Der Vergangenheits-
charakter des Geschehens äußert sich permanent. Was passiert, ist immer schon passé
und insofern relativiert, abgeschwächt.

La Marseillaise dagegen vermittelt Geschichte im Präsens.
Truffaut sah den Film wie eine *montage d'actualités de l'époque* (eine Montage von

Wochenschauen aus jener Zeit), eine Bezeichnung, die jedoch nur einen von zwei wesentlichen Sachverhalten trifft, die sich in *La Marseillaise* miteinander verbinden: das Dokumentarische.

Hinzu kommen die spezifischen Formen der Aktualisierung des historischen Materials, die den Film – in seinem Ablauf – zur unmittelbar-lebendigen Wirklichkeit werden lassen.

Daß Renoir bei seinen Recherchen gründlich war, hat nicht, wie man vermuten möchte, zur Wirkung, daß einem alles bekannt vorkommt, sondern im Gegenteil: vieles wirkt wie erfunden. Er selbst führt das darauf zurück, daß – indem die Literatur und die Filme über ein Thema zunehmen – auch ein Autor vom anderen immer wieder die Klischees übernimmt, an die sich das Publikum um so stärker gewöhnt.

»Dieser dokumentarischen Seite habe ich sehr große Aufmerksamkeit zugewandt. Vielleicht sogar hätte ich es nicht gewagt, diesen Film in Angriff zu nehmen, wenn ich nicht einen Freund gehabt hätte, der mir Assistent und Ratgeber war. Tatsächlich waren es zwei wunderbare Assistenten: der eine war Carl Koch, ein Deutscher – der sehr bewandert war in Sachen, die mit der deutschen Abstammung von Marie-Antoinette und mit allem zusammenhingen, was den deutschen Einfluß am Hof betraf; der andere war Corteggiani. Corteggiani befaßte sich leidenschaftlich mit Mechanik, ihrer Historie und ihren populären Erscheinungsformen. Er kannte zum Beispiel perfekt, und zwar so, daß er sie beschreiben, zeichnen, auseinandernehmen und wieder zusammenfügen konnte, alle Feuerwaffen seit Azincourt[6]. Alle. Er ist es auch gewesen, der mir geholfen hat, den Truppenbewegungen jene Genauigkeit zu geben, die Sie vielleicht bemerkt haben. Zum Beispiel die Wachablösungen zu Versailles; genau so ist das damals vor sich gegangen.

Koch seinerseits hat mich, für eben diesen Beginn zu Versailles darüber belehrt, daß die Weckruf-Fanfaren, diese Fanfaren, welche des Morgens das Frühstück Ihrer Majestät begleiteten, von beiden Seiten des Kanals erklangen. Es befand sich eine Gruppe von Musikern auf der einen Seite des Kanals, und die andere antwortete ihr von der anderen Seite.«[7]

1

Die Beispiele der Wachablösungen und der Fanfaren beziehen sich auf den kurzen Prolog des Films: am 14. Juli 1789 bittet der Herzog von Rochefoucault-Liancourt darum, zu Ihrer Majestät, König Ludwig XVI., vorgelassen zu werden, um Ihr eine dringende Mitteilung zu machen.

Schon hier zeigt sich, nach welchem Prinzip die Schauspieler spielen: im Rahmen einer exakten Rekonstruktion von Versailles-Dekor, Kostümen, Zeremoniell und Umgangsformen übersetzen sie die Substanz des jeweils momentanen Geschehens aus der

Vergangenheit in für die Zuschauer nachempfindbare Gegenwart. Innnerhalb der durch die bedeutete historische Situation festgelegten Umstände treffen sie jenen bestimmten Ton, den diese mit dem Heute gemeinsam haben.

So teilt sich der Auftritt der hochgestellten Persönlichkeit des Herzogs, zunächst der Dienerschaft, dann einem Vertrauten des Königs sein Anliegen vorbringend, unabhängig vom konkreten Inhalt dieses Anliegens, in auffälliger Weise mit: die Berührung einer Standesperson mit einem Personal, auf dessen Anonymität ein Abglanz von der Würde des Dienstherrn fällt. In der Selbstverständlichkeit der Konvention begründete Ehrerbietung gegenüber dem Herzog, angenehm gemildert durch die offensichtliche Tatsache, daß ›man sich bereits kennt‹.

Der König selbst liegt, ermattet von einer Jagd, im Bett. Ein Hungergefühl hat ihn aufgeweckt. Er bittet einen Diener um das bereitgestellte Huhn und um Wein. Wenn der Herzog verkündet, daß eine Volksmenge die Bastille genommen hat, bleibt dem König für einen Augenblick der Bissen im Hals stecken. Es entfährt ihm ein zerstreut-gequältes »oh, oh«, und der Film blendet ab.

Auf den Bezug zum spektakulären historischen Ereignis des 14. Juli folgt eine augenscheinlich fiktive, in Wirklichkeit aus den *Cahiers des Revendications* der Generalstände entnommene, *kleine* Geschichte.

Im Juni 1790 hat sich vor einem Gericht in der Provence ein armer Pächter zu verantworten, weil er eine Taube gefangen hat, was ein Privileg des Grundherrn ist. Er wird befreit und flieht in die Berge, wo er zwei politisch Verfolgte trifft: Arnaud, einen Zöllner, und Bonnier, einen Maurer. Zu ihnen gesellt sich ein armer Priester.

Eines Tages sehen sie in der Ferne die Rauchwolken in Brand gesteckter Schlösser. Auf dieses Zeichen der Volkserhebung hin kehren Arnaud und Bonnier zurück nach Marseille.

Den Eindruck, daß auf einen *dokumentarischen* Prolog eine fiktive Szene nachfolgt, bekräftigt das Verfahren der Parallel-Montage: Aufnahmen vom plädierenden Verteidiger wechseln mit Einstellungen auf die Hände des Gefangenen, die von ihren Fesseln befreit werden.

Von der Betonung der Inszenierung in der Einstellung (Schauspielerführung, Dekor etc.), wobei die Kamera unauffällig registriert, macht der Film einen Sprung: er stellt die Erzählweise selbst, in der Betonung des Einstellungswechsels, aus sich heraus.

So vermitteln sich gerade das Dramatische und – wie wir später sehen werden – das Pathetische, als Ausdrucksformen für Impuls und Wirklichkeit der Revolution, in stärkerem Maße durch die bewußte Wahrnehmung der filmischen Methode, die Arbeit der Apparatur, als die starrer wirkenden Szenen bei Hof.

Indessen bleibt, auch wo das Geschehen dramatische Formen annimmt, unangetastet der Chronik-Stil dieses Films. Er beruht einerseits in der historischen Verbürgtheit der den Episoden zugrundeliegenden Ereignisse. Andererseits ist er das Ergebnis davon, daß sich der Film aus deutlich voneinander unterschiedenen Abschnitten zusammensetzt.

Zwischen dem Prolog und der folgenden Episode besteht keine lineare, in direktem Handlungszusammenhang begründete Vermittlung. Der Einfluß des Prologs auf die Wahrnehmung der Geschichte des namenlosen Bauern beruht darin, daß der Zuschauer dieses Einzelschicksal in die große historische Konstellation hineinstellt.

Gleichzeitig bedingt die offene, vom Zwang einer Handlungskausalität relativ freie Struktur des Films jenen Effekt des *rendre compte,* der Berichterstattung, den Truffaut vermerkte. Es ist gerade die *intellektuell* motivierte und ohne Rücksicht auf die Konvention einer geschlossenen Handlung gewählte Aufeinanderfolge von großen *Szenenbildern,* welche diesen ihre besondere *Konkretheit* verleiht. Die scheinbare Absichtslosigkeit und die Neuheit, die ihr Auftauchen bestimmen, erlauben ein unbefangenes Wahrnehmen ihrer Formen und Inhalte. Man hat wirklich den Eindruck von etwas Geschlossenem, wie es der Ausdruck ›Szenenbilder‹ besagt, unabhängig von ihrem dramatischen oder statischen Inhalt.

»Der Film gehorcht den gleichen Gesetzen wie die Graphik. Er ist statischen Wesens und muß behandelt werden wie eine Folge von Tafeln. Aus diesem deutlichen Abbrechen muß Wirkung entstehen, da es sonst ein gewöhnlicher Fehler wäre. Die Tafeln müssen durchkomponiert sein, da sie wie ein Blatt auf einmal überblickbar sind, jedoch der Aufteilung in Details standhalten müssen, so daß jedes Detail in großer Art mit dem Zentrum korrespondiert. Aus der statischen Grundhaltung des Films ergibt sich sein Grundgesetz: Er ist beschränkt auf eine Vision, die an sich bewegungslos steht, in die aber zu größerer Wirkung die einzelnen Phasen hineinführen. Der Aufbau der Erzählbilder muß also diejenigen der kleinen Einzelaufnahmen im Großen genau reproduzieren, jede Art von Verwischung ist unkünstlerisch. Dieses Grundgesetz des Films, ein so strenges wie die strengsten nur irgendeines anderen Kunstzweiges, machen ihn jeder für sich wirkenden Handlung so abgeneigt.«[8]

Für die Rekonstruktion eines historischen Ereignisses, die der Film veranstaltet, entstehen brauchbare Resultate einerseits aus der Montage solcher ›Erzählbilder‹, andererseits bleibt deren immanente Beschaffenheit ebenfalls zu untersuchen.

La Marseillaise setzt voraus, daß die Zuschauer einigermaßen Kenntnis haben vom Verlauf der Großen Französischen Revolution. In dieser Voraussetzung ist der bedeutende Abstraktionsgrad begründet, der es dem Film erlaubt, auf die Erkenntnis tieferer Zusammenhänge hin zu orientieren, anstatt die Aufmerksamkeit im Oberflächengeschehen befangen bleiben zu lassen.

Es war jedoch kein gebildetes, sondern ein interessiertes Publikum als Zielgruppe angesprochen. Der Film, 1937 im Zeichen der Volksfront entstanden, wurde zunächst auf Subskriptions-Basis finanziert. Gewerkschafts- und andere Arbeiterorganisationen vertrieben Anteilscheine für 2 Francs, die nach Fertigstellung des Produkts ihrem Besitzer vom Eintrittspreis abgezogen werden sollten. Als Film der ›Einheit der französischen Nation‹ sollte er in kooperativer Weise ›für das Volk und durch das Volk‹ produziert werden. Das Experiment ist jedoch später gescheitert, und *La Marseillaise* wurde von einer kommerziellen Produktionsgesellschaft übernommen.

Die Informiertheit des Publikums in Sachen nationaler Vergangenheit verband sich mit bestimmten Klischeevorstellungen über prominente Repräsentanten des *ancien régime*: Louis XVI, Marie-Antoinette, Saint Laurent ... Diese historische Personnage galt es, nach Renoir, zu *humanisieren,* d. h. Schablonen zu vermeiden und der Darstellung die Ausstrahlung unmittelbarer Lebendigkeit zu verleihen.

Auf der anderen Seite kam es bei der filmischen Vermittlung dieses abstrakten, politisch-historischen Themas durch die Erfahrungen menschlicher Charaktere hindurch darauf an, diese *positiven* Charaktere als Protagonisten des Volkes zu *vergesellschaften.* Dazu gehört

1.), daß sie von ihrer sozialen Herkunft und Stellung geprägt und ihre individuellen Äußerungen als durch sie bedingt aufgefaßt werden: die Auswahl dieser durchaus der Typologie des französischen Vorkriegsfilms verhafteten oder den Intentionen der Volksfrontpolitik entsprechenden Figuren des *intellektuellen* Arnaud (auch auf dem Bergesgipfel trägt er ein dickes Buch mit sich herum); des naiv-temperamentvollen Bomier; des Priesters als Vertreters des ›armen Klerus‹; des Kunstmalers; etc.

2.) Die Volks-Rollen wurden – obwohl sie die wichtigsten des Films sind – mit weniger bekannten Schauspielern besetzt, während es den renommierten oblag, die bekannten historischen Persönlichkeiten, mit relativ kleinem Part, zu geben: Pierre Renoir, Lise Delamare, Louis Jouvet als Ludwig XVI., Marie-Antoinette, Roederer ...

Darüber hinaus hat Renoir auch in diesem Film etwas gemacht, was ihn immer gereizt hat: er hat einen Schauspieler in einer seinem speziellen Fach entgegengesetzten Rolle verwendet: Andrex, der den Arnaud spielt, eine bedeutende Rolle, hatte sich bis dahin einen nicht sehr großen Namen als Komiker in Vergnügungslokalen gemacht. »Ich dachte, daß es vielleicht besser wäre, diesen Theoretiker – denn er ist ein Theoretiker – von einem ›leichten‹ Schauspieler spielen zu lassen.«[9]

3.) Renoir unterscheidet den *film de vedette* (Starfilm) von *La Marseillaise* als *film d'idée* (Gedankenfilm).

Während dort das Interesse an den Motiven des Handelns absorbiert wird von der äußeren Erscheinung des Handelnden, bestimmen hier die Erscheinungsformen des in seinen sozialen Beweggründen begriffenen Handelns das Bild der Personen, durch die hindurch sich dieses Handeln realisiert. Es ist kollektives Handeln.

Der Bauer, befreit durch eine solidarische Aktion, schließt sich in den Bergen einer Gruppe von Patrioten an. Die Verschmelzung mit dieser Gruppe erfolgt in einem wahren Redestrom, der von praktischen Ratschlägen zur unmittelbaren Bedürfnisbefriedigung ausgeht (Bau eines Steinherdes; Fertigen von Drosselschleuder und Karnickelschlinge), und am Ende – angesichts der Rauchsäulen über den gebrandschatzten Schlössern – in die Vision optimistischer Zukunftsbilder mündet.

Einerseits Bewegung der Sprache, entfesselte Rede des Volkes, Lust am Sich-Mitteilen. Andererseits eine ruhige, auf das Gesicht des jeweils Sprechenden gerichtete Kamera. Und auf das Signal der Rauchwolken hin findet der Film zur Ausdrucksform der stärksten und höchsten Ergriffenheit, welche das Zeichen des Aufstands bei den Flüchtigen und dem Priester auslöst.

Wie der Rauch aus dem Tal, so erhebt sich auf einmal aus der Vielstimmigkeit der Rede, als deren äußerste pathetische Steigerung, eine hymnenartige, vorwärtsdrängende Musik, die gesprochene Sprache ebenso überhöhend wie in sich einhüllend.

Danach Entfaltung dieser inneren Bewegtheit nach außen: die Isolierung des Sprechenden von den Zuhörenden im Schnitt / Gegenschnitt – Verfahren hebt sich auf in den horizontalen Schwenks einer groß gestalteten Abschieds-Szene: die Kamera faßt nacheinander in ununterbrochener Aufnahme die Äußerungen der fast in einer Reihe nebeneinanderstehenden Personen zu einem einzigen Kommentar des Geschehens in der Ferne zusammen.

Schließlich setzt sich dieses Umschließen und Zusammenfassen der Kamera als Gestisches im Bildinhalt selber fort: Umarmung und Händedruck für den alten Bauern, der jetzt in sein Dorf zurückgeht. Auch der Film verläßt ihn.

Seine Sache aber ist aufgehoben bei den Marseillern, Arnaud und Bomier, denen wir in der nächsten Episode wieder begegnen.

Nach dem 14. Juli 1789 war es die Pariser Bourgeoisie, die vom Sieg des Volkes profitierte und die Verwaltung der Hauptstadt in ihre Hand nahm. Aus der am 12. Juli ins Leben gerufenen Pariser Miliz wurde die Nationalgarde. Von Anfang an handelte es sich um eine Miliz der Bourgeoisie, die zum Schutz aller Besitzenden nicht nur vor den Übergriffen der königlichen Macht und ihrer regulären Truppen, sondern ebenso vor der Bedrohung durch die sozialen Unterschichten, die für gefährlich gehalten wurde, bestimmt war. Am 17. Juli wird der König, durch seine Anwesenheit in der Hauptstadt die Ergebnisse des Aufstandes vom 14. Juli billigend, im Rathaus vom neugewählten Bürgermeister empfangen, der ihm die dreifarbige Kokarde, das Symbol für die ›erhabene und ewige Allianz zwischen dem Monarchen und dem Volk‹ überreicht. Die Häupter der aristokratischen Partei, von der Selbstentwürdigung des Monarchen tief betroffen, wählen die Emigration.

In den Provinzen traten nach der sogenannten munizipalen Revolution (Juli/August 1789) die neuen Magistrate die Erbschaft der alten Gewalten an. Die vom Absolutismus lange Zeit zurückgedrängten örtlichen Selbstverwaltungen konnten sich nun frei entfalten. In Frankreich herrschte die kommunale Selbstverwaltung.

Auch das Land ging verändert aus dieser Zeit hervor; Agrar-Revolte und Bauernaufstand haben das Feudalregime niedergeworfen; Bauernkomitees und Dorfmilizen

haben sich gebildet. Wie die Pariser Bourgeoisie sich bewaffnet und die Gemeindever-
waltung in die Hand genommen hatte, so ergriffen auch die Bauern die Macht und
übernahmen die örtlichen Machtbefugnisse.

Zwischen der Klasse der Bourgeoisie und den Bauern erschien aber bald ein grund-
legender Widerspruch. Genau wie der Adel war auch die städtische Bourgeoisie Grund-
besitzerin. Die Ständigen Ausschüsse und die Nationalgarden der neugebildeten Magi-
strate übernahmen die Aufgabe, die Rechte der adligen und bürgerlichen Eigentümer
zu schützen. Vor einer drohenden sozialen Revolution festigte sich das Bündnis der
besitzenden Klassen, der Bourgeoisie und des Adels, gegen das Landvolk.

Das Jahr 1790 steht für die Bourgeoisie im Zeichen der doppelten Gefahr durch Aristo-
kratie und Volksmassen. Unter dem Deckmantel der konstitutionellen Monarchie orga-
nisiert sie ihre Herrschaft. Der Wille des Königs hat keine Gesetzeskraft mehr. Die
Macht der Monarchie sollte jedoch stark genug sein, um die Bourgeoisie vor den Be-
strebungen des Volkes zu schützen.[10]

Die Versammlung des patriotischen Klubs in einem Lokal am Marseiller Hafen
legt davon Zeugnis ab, daß es einen reinen Dualismus zwischen Aristokraten und
Patrioten, wie ihn die Gesamtstruktur von *La Marseillaise* behauptet, nicht gegeben
hat. Gleichzeitig ermöglicht der Film jedoch diese Einsicht durch die Präsentation politischer Reden, die innerhalb der Voraussetzungen, die er selbst bietet, irritieren.

Der Bürgermeister: »Wir wollen Ordnung in den Straßen!«

Zwischenruf: »Die Reichen müssen Steuern zahlen!«

Ein Hafenarbeiter: »Wir, die disziplinierten Hafenarbeiter von Marseille, Feinde
der Willkür, die die Revolte aufhielten, als die Massen plündern wollten, wir rufen
gegen die feigen Attentate auf, durch die die Reaktion unseren Sieg beschmutzt. Daher
stehen wir zu euch!«

Eine Magistratsperson, zur Besetzung der Festung und Übergabe an die Garden
aufrufend, erhebt den Vorwurf:

»Offiziere, die die drei Forts von Marseille kommandieren, gehorchen nicht dem
Willen des Königs und seiner Kammer. Mit ihren Kanonen bedrohen sie die Patrioten!«

Und nach der Entmachtung des Marquis de Saint-Laurent, des Militärkomman-
danten der eingenommenen Festung, beruft sich auch der auf den Monarchen:

»Wenn der König Gefangener seiner rebellischen Untertanen ist, müssen seine Diener
nach ihrem Dafürhalten handeln!«

Angst der Bourgeoisie vor einer sozialen Revolution; tiefgehende Spaltung der patriotischen Bewegung aufgrund unvereinbarer Klasseninteressen; das Alibi der königlichen
Autorität als Machtmittel der neuen Herrscher gegen den inneren Feind, die Volksmassen, und den äußeren, die Aristokratie: Nur vor diesem Hintergrund sind die
Details der Marseille-Episode zu verstehen.

Es ist die Bezugnahme auf historische Quellen, welcher es der Film, der insgesamt nicht auf diesen Widersprüchen aufgebaut ist, verdankt, daß sie dennoch in roher, dokumentarischer Form in ihm aufgehoben sind: die Reden entnahm Renoir der damaligen Zeitungsberichterstattung über die Klubs.

Die Marseille-Episode ist wie die Synthese aus dem Prolog (Versailles) und der Geschichte der Verfolgten in den Bergen.

Waren Arnaud und Bomier hier noch ganz einem *natürlichen* Dekor verhaftet, ausgeschlossen vom gesellschaftlichen Leben, so betreten sie in dem Augenblick, wo sie die Pforte des Klubs durchschreiten, die große *politische* Szenerie.

Gleichzeitig begibt sich der Film in eine Widersprüchlichkeit.

Was den *objektiven* Faktor betrifft: das historische Tatsachenmaterial, das reale politische Kräfteverhältnis, die differenzierten Tendenzen innerhalb der revolutionären Bewegung, – so verzichtet der Film darauf, sie sich zum Gegenstand einer Analyse zu machen. Nur um den Widerstand des Adels gegen die Durchsetzung kapitalistischer Produktionsverhältnisse, die seinen Interessen nur schadeten, zu brechen, griff die Bourgeoisie auf das Bündnis mit den städtischen Volksmassen und den Bauern zurück; um sich dessen zu entledigen, akzeptierte sie später die napoleonische Diktatur.

Im Film gibt es nur den König, den Adel und ›das Volk‹. Zwar sind sporadisch, als unentschlüsselte Dokumente – wie bei den erwähnten Reden – Artikulationen bürgerlicher Interessenpolitik in den Film eingegangen; jedoch ist dieses Interesse insgesamt nicht gestaltet.

Andererseits ermöglicht diese ideologisierende Vereinfachung, an der den Politikern der Volksfront 1937 in ihrem Werben für eine Allianz zwischen Proletariat und fortschrittlichen Teilen der Bourgeoisie (unter deren Führung!) gelegen sein mußte, dem Film die ungebrochene Vision *subjektiv*-erlebnishafter Phänomene: Solidarität der Unterdrückten; Erwachen der Individuen zu einer freieren Form des Zusammenlebens; Überschreiten des in engen lokalen Verhältnissen beschränkten Erfahrungshorizonts im Siegeszug nationaler Begeisterung und Einigung.

Die Wahrheit des Films liegt darin, daß er den im Prozeß der gesellschaftlichen Umwälzung entfesselten Energien Gestalt gibt und so die *Möglichkeit* festhält, die in jenem historischen Augenblick vor den Augen und in den Herzen der kämpfenden Volksmassen aufgetaucht ist: der gelebte Traum von der Realisierung der als Menschheitsideal formulierten und begriffenen Ideale der Bourgeoisie.

Der Film malt ein Bild von der *Idee* der Nation, zu der sich alle Staatsbürger, ausgestattet mit den gleichen Rechten, zusammenschließen. Und am kräftigsten stellt diese neue Idee sich dar, wo sie über den Trümmern der Wertvorstellungen des *ancien régime* erstrahlt.

Diese Trümmer sind jedoch nicht das Werk des Sieges einer neuen Idee über die alte, sondern das Ergebnis einer Änderung des realen Kräfteverhältnisses zwischen den

Klassen. In der ersten Episode liegt die Gerichtsbarkeit noch in den Händen des Großgrundbesitzers. Jedoch wird der Angeklagte vom Volk befreit. Solcherart waren die Voraussetzungen für die Justizreform.

Aus einer bestimmten Parallelität der zweiten zur ersten Episode entwickelt der Film die fortschreitende Machtverschiebung innerhalb einer Phase der Doppelherrschaft.

Schließt sich hier an die Gerichtsverhandlung die Flucht des Bauern in die Berge an, so folgt dort auf einen Beschluß im patriotischen Klub die Einnahme der Festung von Marseille. Der politische Flüchtling Arnaud aus der ersten Episode weist dem Marquis de Saint-Laurent in der zweiten den Weg in die Emigration.

Bemerkenswert ist die spielerische, nach Art eines Schauspiels veranstaltete Weise, in der beide Aktionen ausgeführt werden.

Der Bauer Cabri flieht, seiner Fesseln entledigt, durchs Fenster. Vor dem Gerichtsgebäude versammelte Dorfbewohner verhindern, daß man ihn wieder einfängt.

Umgekehrt ist es das Problem der Patrioten, in die Festung *hinein*zukommen. Es gelingt ihnen mit Hilfe eines großen Weinfasses, eines Geschenks des Magistrats. In dem Faß sitzt Bomier (Abb. 19). Der Handstreich geht schnell und unblutig über die Bühne. Die Festung fällt wie eine reife Frucht.

19

Arnaud, als Anführer, nimmt sich später die Zeit, mit dem überraschten und ungläubigen Marquis in eine Konversation über den Begriff der Nation einzutreten.

In einer auf·die Höhepunkte des äußeren Handlungsablaufs fixierten Filmform hätte aus dieser Unterhaltung zwangsläufig ein *Nachspiel* auf die Eroberung der Festung werden müssen. Anders verhält es sich hier, wo die militärische Überrumpelung keine andere Funktion zu haben scheint als eine Vorstellung jener vollendeten historischen Tatsachen zu geben, vor deren Hintergrund sich die Befangenheit des Marquis in Wertvorstellungen, die ihrer Grundlage in der Wirklichkeit nunmehr entbehren, nicht ohne Humor entlarvt. Von daher die Leichtigkeit des Sieges der Patrioten, die auffallende Harmlosigkeit des Widerstands, eine die Anmut und Schnelligkeit der Mantel- und Degenfilme imitierende Szenenfolge; – das Ganze musikalisch getragen von einem ans Liebliche streifenden pastoralen Intermezzo.

Ein Bild der Morschheit und Hinfälligkeit jener überkommenen Ordnung, auf die sich der Marquis im Namen des Diensts für den König nach wie vor beruft. Das trojanische Faß einmal eingeschleust, dient es dazu, den Widerstand der Garnison von innen zu brechen. Gleichzeitig, und in umfassenderem Sinn, raubt dieses Unternehmen dem Pflichtgefühl des Marquis die Substanz und wird zur Metapher für die Aushöhlung der gesellschaftlichen Grundlagen jener Moral der unmittelbaren Bindung des Untertanen an *die Person* des Königs, in deren Namen der Adel seine Standesinteressen verfolgt.

Die Episode schließt wie ein sinfonischer Satz mit einem musikalischen Schlenker des Orchesters ab.

Der nächste *Satz:* COBLENTZ. APRIL 1792

Nach dem Ende der Illustrationsmusik und dem Panorama von der Höhe der Festung über das sonnenbeglänzte Mittelmeer, eine kleine Pause.

Eine Schrifttafel im Hause ›Stadt Coblentz‹. In französischer Sprache werden »Mess. les pensionnaires« darauf hingewiesen, daß sie für eine Woche im voraus bezahlen möchten.

Dann trägt Madame de Saint-Laurent, sich selbst am Cembalo begleitend, ein sehnsuchtsvolles Lied über Frankreich vor, nach dem Text von Chateaubriand.

Wie von der Melodie getragen, macht die Kamera eine Entdeckungsfahrt durch den Salon, nach und nach jede der versammelten Adelspersonen einen Augenblick lang bei ihrer individuellen Weise des müßigen Zeitvertreibs festhaltend.

Zerstreutes, nachdenkliches oder ergriffenes Zuhören. Heimweh nach Frankreich. Man spricht von der Rückkehr. Nur, daß es hinter den Preußen und Österreichern geschehen soll, verursacht dem Marquis Skrupel:

»Als wir vor zwei Jahren auswanderten, war von ausländischer Hilfe keine Rede.«

Eine Frage von »äußerster Wichtigkeit« lenkt ab von der Politik:

»Bei der Gavotte, in Versailles, mußte man bei der dritten Figur rechts oder links blicken?«

Ein ergrauter Herr macht es vor:

»Sie müssen immer nur Ihr Vis-à-vis anschauen!«

Schlußakkord. Abblende.

Irgendwo »zwischen den Österreichern und Paris« zwei Freiwillige der französischen Armee.

Sie sitzen, demoralisiert und zerlumpt, in der Dunkelheit eines leeren Hauses und schimpfen auf ihre verräterischen Offiziere. Draußen auf der Straße ein geräuschvolles Hin und Her.

Indem sich die beiden Darsteller wie bei der Teichoskopie[11] im Theater durch Zurufe und Kommentare zu diesem unsichtbaren Geschehen verhalten, lassen sie uns wissen, daß Dorfbewohner vor den Grausamkeiten der Invasoren flüchten, während in umgekehrter Richtung Husaren reiten, um sich ihnen anzuschließen.

Renoir spricht davon, daß er Szenen in seinen Film eingebaut hat, die nur das Ziel haben, einen bestimmten Empfindungs- und Bewußtseinszustand auszudrücken, oder auch eine Gesamtsituation zu bezeichnen, und zwar durch eine ganz spezielle Einzelheit, die in keiner unmittelbaren Beziehung zur Handlung steht.

In dieser Hinsicht sind die beiden kürzesten Kapitel des Films, mit jeweils nur einem einzigen Schauplatz: *Coblentz, April 1792* und *Zwei Soldaten* am charakteristischsten. Es ist bemerkenswert, daß diese beiden Szenenbilder ihre Kraft der Abstraktion aus nichtfilmischen Kunstformen schöpfen: aus Musik und Theater.

Der Revanchismus der Emigranten, sich ihnen selbst als Traum von der Restauration der Lebensformen »der Elite gegen die Kanaille« darstellend, nimmt sublimierte Gestalt an in der Wirklichkeit des Kunstliedes und im tradierten Rahmen seiner Präsentation. Von den Bestrebungen dieser Klasse lenkt sie sich schließlich selber ab: nach den wiedergefundenen Regeln der Gavotte löst sich die Szene in verspielter Nichtigkeit auf.

Ist im Falle von *Coblentz* noch eine lose Verbindung zur Handlung durch die Person des Marquis de Saint-Laurent gegeben, so erscheinen die *Zwei Soldaten* nur dieses eine Mal auf der Leinwand. Herausgestellt aus dem über die Erfahrungen vertrauter Charaktere vermittelten Kontinuum des Geschehens, kommt ihnen die Funktion von Kommentatoren zu. Die Tendenz ihrer Äußerungen ist begründet im *Erleiden* der Situation. Dessen Stilisierung ist bühnenhaft einfach: sie sind von ihrer Truppe isoliert, sehen heruntergekommen aus und müssen sich von einem Raben, »hart wie Leder«, ernähren.

Ihre Schimpftiraden reflektieren den politischen und gesellschaftlichen Konflikt innerhalb der französischen Armee: aristokratischen Befehlshabern standen patriotisch gesonnene Soldaten gegenüber.

Gleichzeitig sind in der Vorstellung der zu den Österreichern überlaufenden Husaren die Auflösungserscheinungen innerhalb dieser in sich gespaltenen Armee festgehalten.

2

Der Wechsel der Szene von Marseille nach Coblentz bedeutete einen Zeitsprung vom Oktober 1790 in den April 1792.

Das Jahr 1791 hatte mit der in Varennes aufgehaltenen Flucht die Verleugnung der Revolution durch den König gebracht. Er hatte vor, zur österreichischen Armee in den Niederlanden zu gelangen; danach wollte er nach Paris zurückkehren und seine absolute Herrschaft wieder herstellen.

Während ein Teil der herrschenden Bourgeoisie, durch soziale Unruhen in Angst und Schrecken versetzt, mehr und mehr mit der Aristokratie verschmolz und sein Ziel in der Versöhnung mit dem Königtum sah, hatte eine andere Fraktion, in der Nationalversammlung vertreten durch die Girondisten, seit Varennes jegliches Vertrauen in den König verloren. Sie begriff, daß sie ihre eigenen Interessen nur mit der Unterstützung des Volkes verteidigen konnte.

Der Krieg, am 20. April 1792 an die Adresse von Österreich erklärt, lag sowohl im Interesse des Hofes als auch in dem der Girondisten. Der Hof stürzte Frankreich in den Krieg, weil er sich insgeheim eine Niederlage und dadurch die Wiederherstellung seiner absoluten Macht ausrechnete. Die Girondisten hatten keine Bedenken, die äußeren Spannungen zu verschärfen, um der inneren Schwierigkeiten Herr zu werden. Man sprach auf seiten dieser linken Bourgeoisie von einem »Kampf des Patriziertums gegen die Gleichheit«, verstand jedoch unter Gleichheit wohlgemerkt die abstrakte Gleichheit der Verfassung von 1791, die mit dem inneren Widerspruch belastet war, daß das Eigentum im Katalog der unveräußerlichen natürlichen Rechte stand und die politischen Rechte je nach Umfang des Vermögens zugestanden wurden. Die Massen waren durch das Zensuswahlsystem vom politischen Leben ausgeschlossen und sollten es bleiben.

Schon am Beginn des Feldzuges kam es zu jenem Desaster, wie es die Szene der Zwei Soldaten motiviert und veranschaulicht. Unter den Volksmassen jedoch führte die nationale Krise zu einem revolutionären Aufschwung. Die Bedrohung durch das aristokratische Komplott, verschärfte soziale Gegensätze, Inflation und Lebensmittelkrise verstärkten den Druck des Volkes auf die Politik der Nationalversammlung. Ludwig XVI., gestützt auf die Rebellion der den feindlichen Sieg und die Konterrevolution herbeisehnenden Generale, verweigert zwei Verordnungen der Versammlung die Zustimmung und entläßt am 13. Juni 1792 drei Minister der Girondisten-Fraktion.

»Die Freiwilligen verpflichten sich, nach Paris zu gehen und die Stadt nicht zu verlassen, bevor die patriotischen Minister wieder eingesetzt sind und die Aristokraten, Spekulanten und Volksfeinde verjagt sind. Erst dann werden sie gegen den äußeren Feind marschieren« – verkündet von der Tribüne des Jakobinerklubs zu Marseille der Beauftragte des Magistrats unter dem Jubel der Anwesenden.

Mit dem Inhalt der Rede ist die politische Richtung der von Robespierre geführten Demokraten bezeichnet. Als Fürsprecher des allgemeinen Wahlrechts und erbitterte Gegner der girondistischen Kriegspolitik hatten sie auf die Nationalversammlung, in der sie die äußerste Linke bildeten, keinen großen Einfluß. Durch die Gründung der Klubs, in denen sich die Verteidiger der Revolution vereinigten, vermochten sie sich jedoch im ganzen Lande Resonanz zu verschaffen.

»Um den Willen der Nation vor der Versammlung zu verteidigen, hat der Magistrat beschlossen, ein Bataillon von Freiwilligen nach Paris zu entsenden.«

Die Geschichte des Marsches dieser 500 Föderierten, die am 2. Juli in Marseille aufbrachen und am 30. Juli 1792 auf der Place de la Bastille von den Parisern begeistert empfangen wurden, ist das Herzstück des Films.

Im Jakobinerklub
Der Magistrat hält es politisch für opportun, daß nur Bürger, die keine Schulden haben, das Bataillon bilden. Bomier, der sich fragt, was das für eine Revolution ist, bei der man zuerst seine Steuern bezahlen muß, sieht sich gezwungen, in Marseille zu bleiben.

Bomier zu Hause, mit Mutter und Schwester
»Alle meine Freunde ziehen mit«, und, das Fenster öffnend, wonach von der Straße herauf der Gesang einer kleinen marschierenden Gruppe dringt:

»Was die alles sehen werden in Paris! Und ich muß hier immer nur dieselben Dächer ansehen!«

Die Mutter findet einen Ausweg. Bomier geht auf sie zu, umarmt sie und küßt sie, eilt singend hinaus, um sich einzuschreiben.

Unser Blick verweilt auf der besorgten Frau und dem Mädchen, das jetzt ihre Schultern tröstend ergreift. (Abb. 20) Von dem Tisch mit dem Teller, aus dem der Sohn nichts gegessen hat, bewegt sich die Kamera, vorbei an dem Regal mit Tomaten, dem Vogelzwinger, wieder zum Fenster: dieselben Dächer, und ganz weit unten, immer noch laut singend, entfernt sich Bomier in der Tiefe einer Gasse. Dann macht die Schwester das Fenster zu.

Im Rekrutierungslokal
trifft Bomier Javel, den Kunstmaler, wieder, der bei der Einnahme der Festung mitgemacht hatte. Der erzählt ihm, daß er gerade ein »Römerbild, mit 1500 Bürgern von Avignon, als Römer angezogen« gemalt hat. Während Bomier unterschreibt, erschallt

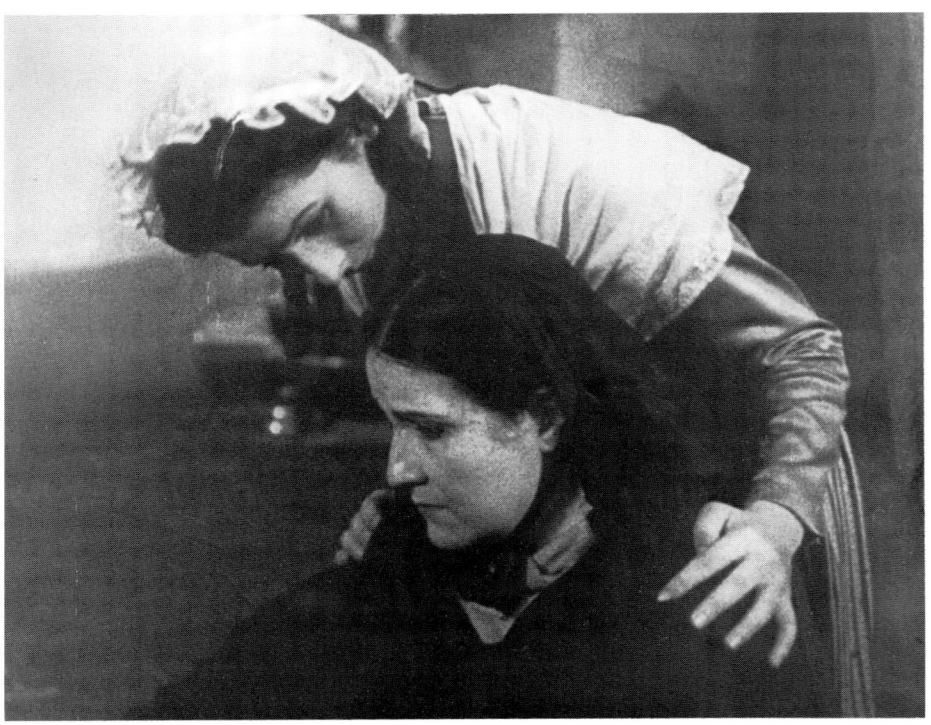

20

aus dem Nebenraum, wo ein Bankett »für die Delegierten aus Montpellier« stattfindet, von einer einzigen Männerstimme gesungen, das als ›Lied der Rheinarmee‹ komponierte »Allons enfants de la patrie, le jour de gloire est arrivé«. Der Sänger macht den Leuten das Lied bekannt.

»Mehr Eindrücke/Mitteilungen kamen damals über vermittelte Kommunikation als unmittelbar. Alle Mitteilungen über Ereignisse in der Welt.«[12]

In einem Kahn, rudernd, sprechen drei ›Marseiller‹ über das Lied. Arnaud ist von ihm aufgewühlt. »Es gibt genau meine Gedanken wieder.« Für Bomier ist es zu wild und unharmonisch. »Eine momentane Begeisterung. In 14 Tagen ist alles vorbei.«

Abschied des Marseiller Bataillons

Massengesang der ›Marseillaise‹[13]. Kranfahrt der Kamera auf einen Platz zu, der von Menschen überquillt. Unter uns sehen wir die Kinder auf den weitausladenden Ästen der Bäume liegen und das Schauspiel genießen, das uns ein Travelling nacheinander in seinen Einzelheiten erschließt: Frauen, die den Männern einen Abschiedstrunk reichen; singende Frauen und Männer; Abschiedsszenen; Blumen; Umarmungen; die Frauen tragen oft Hauben, die Männer Uniformen mit großen Epauletten; ein Solosänger trägt einen weiteren Vers des Liedes vor; Bomiers Mutter hilft ihrem Sohn, den Tornister zu befestigen, dann sinkt sie vor ihm weinend auf die Knie; ein Föderierter, stolz aufgerichtet, das Bajonett zur Seite; eine Frau, mit beiden Händen ihr Taschentuch vor die Augen haltend, in theatralischer Pose kniend, allein; traurige, niedergebeugte Frauen; massenhaft der Refrain gesungen. Bomier singt jetzt, »wenn alle anderen singen«, das befremdliche Lied mit; nacheinander küssen er und seine Kameraden die Mutter und geben ihr die Hand.

In dieser Geste, welche aus der einen leidenden, unpolitischen Mutter ein Bild der Mutter von allen macht, berührt sich die Ebene der großen historischen Aktion mit der anekdotischen Bomier-Episode. Und in dieser Berührung ist das Bedürfnis und die Tendenz einer Versöhnung enthalten: des Widerspruchs zwischen der isolierten Familie und einem feindlichen Draußen.

Der Marsch von Marseille nach Paris

Bewegung in der Zeit und im Raum. Einerseits konkret festgehalten im Marschieren, Singen von Liedern. Andererseits durch Überblendungen bedeutet.

Es gibt Überblendungen, die aus der Sicht der Marseiller den Wechsel der Landschaften realisieren. Einmal jedoch blendet der Film, ausgehend von den Marschierenden, ein Stück nach vorn in der Zeit und im Raum auf eine malerische Flußbiegung. Dann schwenkt die Kamera leicht nach links, und wir sehen den ziemlich ungeordneten Trupp auf einem Uferweg herankommen.

In derselben Weise ist die Ankunft der Marseiller in Paris gestaltet. Aus der letzten Etappe des Marsches schneidet der Film auf die Place de la Bastille, wo eine riesige Volksmenge des Einzugs der Marseiller harrt. Wie bei einer Reportage erleben wir dann, aus der Sicht der Pariser, den begeisterten Empfang.

In diesen beiden Fällen ist die Kamera *vor den Marseillern da* und erwartet sie.

Umgekehrt beim Abmarsch in Marseille, wo der Abschiedstrubel schon voll im Gange ist und die Kamera nachher erst hinzukommt.

Beide Methoden haben die gleiche Funktion: der Film dissoziiert sich von seinen Handlungsträgern, den Marseiller Freiwilligen. Statt der *subjektiven* Kamera, welche den Marsch als unsichtbarer Zeuge begleitet, haben wir eine *objektive* Kamera, die ihre Autonomie und Zeugenschaft in dieser zeitlichen Verschiebung herausstellt. Gegenstand dieser objektiven Sichtweise ist das Bataillon als historisches Phänomen. Darin, daß die Kamera sich ihm in seiner Totalität *von außen zuwendet* oder entgegenstellt, ist enthalten, daß sie sich von anderen Dingen, die gleichzeitig passieren, in Paris oder anderswo, *abwendet*. Es ist eine Art immanenter Negation des Geschehens, die, ohne die Geschlossenheit dieser Episode aufzulösen, sie doch als Teil des Ganzen relativiert.

Auf der anderen Seite ist Gegenstand der subjektiven Sichtweise die Erfahrung, die der Marsch in seiner Konkretheit sowohl für die Teilnehmer als auch für die Zuschauer darstellt: was die Leute und was wir mit ihnen sehen; in den Ruhepausen die Instruktion: »das Laden der Gewehre in 12 Zeiten«; Erfahrungsaustausch: ob es besser für die Füße ist, Heu oder Zeitungspapier in die Stiefel zu stecken oder die Füße mit Kerzenwachs einzufetten? Begegnungen mit sympathisierenden Leuten der Umgebung.

Und so wie die überblendeten Bilder ineinanderübergehen, so kommen die von unbändiger Redelust erfüllten Marschierer von einem Thema aufs andere, eins aus dem anderen entwickelnd. Wortassoziationen: aus dem Loch, in dem eine Kanone festgefahren ist und einem Aristokraten wird ein Aristokratenloch, etc.

Das Transitorische dieses Unternehmens, das, geboren aus der Tiefe der nationalen Krise, schließlich zum Sturz des Thrones beitragen wird, findet einen ins Großartige überhöhten Ausdruck in dem zu drei verschiedenen Malen erklingenden Anfang eines barocken Hornkonzertes, in das sich ein Marschgesang hineindrängt, von dem man nicht weiß, ob er auch *illustriert,* oder ob er irgendwo außerhalb des Bildes von einem Teil der Truppe gesungen wird.

Lieder werden von den Leuten gesungen, aber die *Marseillaise* ist auch so zu hören, daß sie wie im eben genannten Beispiel sowohl als *real vermittelt,* wie auch als autonomer Ausdruck des revolutionären Enthusiasmus gehört werden kann.

»Mehr Eindrücke/Mitteilungen kamen damals über vermittelte Kommunikation als unmittelbar.«

Der Eindruck Bomiers von der ungewohnt wilden und unharmonischen *Marseillaise* ändert sich während des langen Gebrauchs dieses Liedes auf dem Marsch. Er eignet es sich *praktisch* an. Aber nicht nur die Auffassung von dem Lied, sondern es selbst ist dem Wandel unterworfen: der Maler erzählt, daß der schönste Vers von einem Schulmeister später dazugedichtet wurde.

»Alle Mitteilungen über Ereignisse in der Welt.«

Die Marseiller fragen sich: »Wer weiß, inzwischen haben sie vielleicht eine Gegenrevolution gemacht. Wer wird uns empfangen? Womöglich werden wir den Kaiser von Österreich und eine Jesuitenarmee vorfinden!«

Empfang der Marseiller in Paris

Wie beim Abschied auch hier erst ein Blick auf Kinder, die dort, wo einmal die Bastille war, zwischen ein paar übriggebliebenen Quadersteinen herumsitzen (Abb. 21). Der Unbeteiligtheit und scheinbar zufälligen Anwesenheit dieser Kinder, dem wie absichtslosen An-ihnen-Vorbeigleiten der Kamera, bevor sie sich in die Turbulenz auf dem Platz hineinbegibt, diesem Nebensächlichen verdankt die Hauptsache, die Rekonstruktion des historischen Empfangs, den Eindruck des Authentischen.

21

Die Begegnung der Marseiller mit dem Volk von Paris ist – analog zum Motiv der Trennung von Marseille (Niedergeschlagenheit von Bomier / Euphorie / Abschied), jedoch statt des Individuums das Kollektiv im Mittelpunkt – in sich so durchkomponiert, daß sie über ihre Funktion als Bestandteil der Fabel hinaus zum selbständigen Ausdruck wird für revolutionäre Verbundenheit, Brüderlichkeit und Herzlichkeit.

Erwartung: Nachlassen des Trubels auf der Place de la Bastille bis zu völliger Ruhe, wenn das Herannahen der Marseiller sich ankündigt; – von weitem der Gesang der *Marseillaise*; sie kommt näher; die Marschkolonne wird sichtbar; –

Begegnung: der Jubel bricht aus: Umarmungen, Blumen, hochgehaltene Hüte und Gewehre; jeder Marseiller hat bald sein Mädchen gefunden; –

Nachklang: in losen Gruppen, jeder mit seinen neuen Freunden und Freundinnen, promenieren sie über die Champs-Elysées, einen gepflegten Feldweg, zum Bankett.

Dann eine Art parodistisches Vorspiel zur blutigen Klassen-Auseinandersetzung im 3. Akt. Champs-Elysées: für die Griechen »der Ort, wo ihre Toten lebten«, zeigen sich auch hier an den Gartentischen der Cafés die »Gesichter aus einer anderen Welt« (Abb. 22). Aufgebrachte Müßiggänger verhindern das Bankett. Ziehen den Säbel. Marseiller

22

und Pariser setzen sich vereint zur Wehr, und durch Wiesen und tiefen Wald, unter einem mächtigen Gewitterregen, führt sie die Verfolgung bis an ein Schloß, wo sich die Gittertore schützend hinter den Provokateuren schließen.

3

La Marseillaise ist aus drei großen, sich deutlich voneinander unterscheidenden *Akten* zusammengesetzt.

Im ersten Akt sind Partikel aus der politischen Wirklichkeit der Jahre 1789 bis 1792 ohne direkten Handlungsbezug zueinander in eine Szenenfolge gebracht: Paris – die Provinz – Marseille – Coblentz – der Krieg. Die Gestaltungsweise ist *episch*.

Der zweite Akt gehört den Föderationsabgeordneten von Marseille, die vom 2. bis zum 30. Juli 1792 auf dem Weg nach Paris waren und die spätere National-hymne *mitgebracht* haben. Dieser Akt symbolisiert, in der Form eines lyrischen Epos, den Aufstieg aus der nationalen Krise (Ende des 1. Aktes) zur Revolution des 10. August, die nicht nur das Werk des Volkes von Paris, sondern vielmehr des franzö-sischen Volkes war, vertreten durch die Abgeordneten des Föderationsfestes.[14]

Der dritte Akt bezieht die Antagonisten – im Gegensatz zu Akt 1, wo der Gehalt der einzelnen Episode letztlich bestimmt wird vom Faktor *Zeitgemälde*, vom Pointillismus des *Ganzen* – in unmittelbarer, *dramatischer* Konfrontation aufeinander: Einheit von Ort (Paris) und Zeit (1.–10. August 1792).

Die Ministerentlassung hatte die Regierungsübernahme der ›Feuillants‹, der rechten Fraktion der Bourgeoisie zur Folge. Ihr Ziel und das des Königs: endgültige Beseitigung der Jakobiner; Stärkung der königlichen Macht; Beendigung des Krieges durch Absprache mit dem Feind. Die Bedrohung schließt Girondisten (Brissot) und Demokraten (Robespierre) zusammen (28. 6.).[15] *Auf Antrag von Brissot proklamiert die Versammlung am 11. 7.* das Vaterland in Gefahr. *Die Proklamation forderte das Volk zur Teilnahme an den politischen Entscheidungen und zur Verteidigung des Landes auf. Dann wichen die Girondisten vor dem Aufstand zurück; sie befürchteten, von den revolutionären Massen, zu deren Mobilisierung sie beigetragen hatten, überrannt zu werden. Sie strebten wieder zur Macht, nachdem die feuillantinischen Minister angesichts der Drohungen durch die Versammlung zurückgetreten waren.*

Wenn am 30. 7. (im Film) die Marseiller Abgeordneten bei ihrer Ankunft in Paris als erstes nach Robespierre fragen, ist die Situation so:

die Passivbürger[16] *haben Zutritt zur Nationalgarde und Stimmrecht in den Vollversammlungen der Pariser Sektionen der patriotischen Bewegung. Von 48 Sektionen hatten sich 47 für die Absetzung des Königs ausgesprochen. Am 29. 7. prangerte Robespierre »das abgekartete Spiel zwischen dem Hof und den Intriganten in der Legislative (den Girondisten, Anm.)« an. Auf Anregung Robespierres werden die Föderierten ein geheimes Direktorium gründen.*

In der Hoffnung, die Revolutionäre zu verängstigen, hatte Marie-Antoinette von den feindlichen Herrschern eine drohende Erklärung erbeten.

Mit ihrer widerstrebenden Billigung durch den König hebt sich der Vorhang zum »letzten Akt der Tragödie« (Marie-Antoinette).

Das *Manifest des Herzogs von Braunschweig* war ein Bumerang: das Volk geriet in hellste Empörung. Die Sektion Quinze-Vingts in Saint-Antoine setzte der Versammlung eine letzte Frist bis zum 9. August, über die Forderung nach Absetzung des Königs zu entscheiden.

Der 10. August 1792

Das Ultimatum verstrich. Daraufhin übernahmen Bevollmächtigte der Sektionen den Platz der legalen Kommunalverwaltung. Dies war die aufständische Kommune. Von den Tuilerien lief die Nationalgarde zu den Vorstädten und Föderierten über. Um 8 Uhr erschienen als erste die Marseiller. Sie wurden in den Schloßhof eingelas-

sen, darauf eröffneten die Schweizer das Feuer und drängten sie zurück. Nach der Ankunft der Vorstädte griffen die Föderierten mit ihrer Hilfe erneut an und liefen Sturm. Gegen 10 Uhr stellten die Belagerten auf Befehl des Königs das Feuer ein.

Bei den ersten Anfängen des Aufstandes hatte der König mit seiner Familie auf die dringenden Bitten von Roederer, dem für die Girondisten gewonnenen Generalsyndikus des Departements, das Schloß verlassen, um sich unter den Schutz der Versammlung zu stellen. Solange der Ausgang des Kampfes ungewiß war, behandelte die Versammlung Ludwig XVI. als König. Als sich der Aufstand als siegreich erwies, erklärte sie zwar nicht die Absetzung, aber die vorläufige Amtsenthebung des Monarchen und beschloß die Einberufung eines nach allgemeinem Wahlrecht gewählten Konvents, wie es Robespierre vorgeschlagen hatte.

Während die Bourgeoisie *als Klasse* (Einheitsfront und neue Spaltung von Girondisten und Demokraten) auch weiterhin nicht in Erscheinung tritt, sind die Vorbereitung und die Durchführung der Ereignisse des 10. August entsprechend der obigen Zusammenfassung im Film gestaltet.

In welcher Weise vermitteln sich dabei durch die Handlung hindurch Erfahrungen und Zusammenhänge, die sich der Inhaltsbeschreibung entziehen?

Pathos / Historie

1.) Beim ersten Angriff der Marseiller der Ruf des Anführers: »Camarades! Il faut profiter de l'occasion!« (Kameraden! Ergreift die Gelegenheit!) / Fanfare / »En avant!« (Vorwärts!) / Jubel /

Die Kanoniere des Königs, in verschlissener Uniform; altgediente Soldaten, die nichts zu verlieren haben, erwarten, streng in einer Reihe formiert, in *regloser* Haltung die Marseiller

/ Große barocke Musik zur Verbrüderung von Kanonieren und Marseillern.

2.) »Wenn der König sich anschickt, ein letztes Mal seine Wache zu inspizieren, knien die Edelleute, die sich in der Vorhalle aufhalten, vor ihm nieder und singen »Oh Richard! Oh mon roi!« (Oh Richard! Oh mein König!). Das klingt so, als wäre es ein schöner Einfall des Regisseurs, um dem Gang des Königs in den Schloßhof eine Art Rhythmus und Feierlichkeit zu geben. Nichts dergleichen! Das hat sich genau so zugetragen. Das betreffende Lied stammt aus *Richard Löwenherz*, einer Oper, die damals in Mode war – von Grétry, und alle Standespersonen kannten damals die große Arie »Oh Richard! Oh mon roi«, die sie gerne sangen, auswendig. Und als Ludwig XVI. herausgetreten ist, haben sie sich instinktiv hingekniet, um diese Arie anzustimmen, weil sie sie kannten, und weil sie ihnen, in dieser Situation, auf etwas eine Antwort zu geben schien.«[17]

3.) Nach dem Gemetzel mit den Marseillern die ›Ankunft der Vorstädte‹; gemessen, mit unbewegter Miene, hinter einem Transparent *District du Petit S. Antoine*, und be-

23

gleitet von Trommelschlag, marschiert der Trupp durch eine enge Straße (Abb. 23). Er betritt die Szene *wie nach Regieanweisung im Theater.*

4.) »In der Nacht wurde Sturm geläutet.«

Im Film durchdringt das Geläut die Szenen, die dem ersten Ansturm der Marseiller unmittelbar vorausgehen: im Königspalast auf den Fluren; im Schloßhof bei der Inspektion; der helle Klang einer einzigen Glocke, wenn sich der König mit seiner Familie über eine von Herbstlaub bedeckte Allee (zu seinem Sohn: »Die Blätter fallen früh, dieses Jahr!) in den Schutz der Versammlung begibt. Es ist der Leichenzug der Monarchie. Und ihr Totengeläut.

5.) Bomier wird beim ersten, gescheiterten Angriff von einer Kugel getroffen. Kameraden tragen ihn durch eine Toreinfahrt in einen Hof. Während der folgenden Sterbeszene denken wir zurück, und auf einmal bekommt der ganz auf Bomier bezogene Abschied von Marseille einen neuen Sinn.

Alle diese verschiedenen Formen des Pathetischen haben in ihrer Wirkung eines gemeinsam: sie heben die Differenz zwischen der unmittelbaren Wirklichkeit des überlieferten Geschehens und seiner filmischen Rekonstruktion hervor:

Beispiel 1:

die kalkulierte Organisierung der Szenenfolge; der Wechsel der Perspektive: Angreifer – in Passivität verharrende Kanoniere – Vereinigung (Totale) ist, abstrahierend von der Ungewißheit des Augenblicks, à priori auf das Motiv der Verbrüderung gerichtet.

Beispiele 2 und 3:

dort der Einsatz der Arie, hier das Betreten der Szene, vermitteln theatralisch-choreographische Eindrücke. Während die unerwartete Gesangsszene der Edelleute so exzentrisch wirkt, daß ihr Fundus nur die Wirklichkeit selbst gewesen sein kann, als deren *Zitat* man sie aufnimmt, ist in dem Aufmarsch der Vorstädte bereits die *Gewißheit* ihrer siegreichen Revolte mitgeteilt.

Die Festigkeit und Gleichmäßigkeit, mit der diese Leute auf ihr Ziel zu marschieren, entspricht der unaufhaltsamen Lawine, die jeden Widerstand unter sich begraben wird.

Beispiel 4:

Vor der Klangkulisse des welthistorischen Totengeläuts entlarven sich die Worte des Anführers der Schweizergarde als Ausdruck bornierter Ehrsucht: »Jetzt ist der Augenblick gekommen, zu siegen oder zu sterben. Hoffen wir, daß wir siegen!« – Die Sache, die er vertritt, ist bereits unwiderruflich verloren.

Beispiel 5:

Der Tod von Bomier, sein individuelles Schicksal erfüllend, den Episoden mit seiner Mutter und mit Louison[18] einen *tragischen* Sinn gebend, dieser Tod hebt gleichzeitig all diese privaten Episoden als Bestandteile eines autonomen, in sich geschlossenen und in die politisch-historische Substanz des Films eingeflochtenen melodramatischen Motivs hervor. Die Spuren der Konventionalität einer bestimmten Filmform graben sich in den Stoff der bezeichneten Wirklichkeit als ihre Unterscheidung hinein.

Wiederholungen

Der militärische Umschwung im Kampf um die Tuilerien vermittelt sich über die Szene, wo Bomier in dem Hinterhof stirbt.

Die Kamera steht so, daß man links an der Häuserwand Bomier und seine Freunde sieht, während rechts durch das Tor die Bewegungen auf der Straße erkennbar bleiben (Tiefenschärfe). Einmal kommen von rechts nach links die Schweizergarden ins Bild, bleiben stehen, knien hin, schießen, und suchen weiter die Offensive. »Es lebe der König!«.

Nach einiger Zeit stürmen Einheiten in umgekehrter Richtung vor. »Vive la Nation!«.

Die Perspektive *aus der Situation des sterbenden Bomier* begründet ebenso die formale wie die inhaltliche Vermittlung zwischen dem sinnlosen Aufbegehren der Schweizergarden und ihrer endlichen Unterdrückung. Es ist die Perspektive des Filmes selbst, der sich in diesem *Verhalten zur Überlieferung* realisiert.

Gleichzeitig macht der Film durch die Analogie bestimmter Techniken, durch das Mittel der Wiederholung auf sich als das Medium der Transponierung und Aneignung von Vergangenem aufmerksam:

die *Tiefenschärfe* hier und die *Mauerschau* in der Szene der *Zwei Soldaten* am Ende des ersten Aktes, oder

die Musik, die den spontanen Widerstand der Organisationen des Volkes gegen das ›Manifest des Herzogs von Braunschweig‹ akzentuiert, ist das heroische Motiv aus dem zweiten Teil des ersten Aktes (Brand der Schlösser).

Das *Menschliche* am König und das revolutionäre Subjekt

Jean Renoir betont, daß er nach dem Studium zahlreicher Dokumente zu der Überzeugung gekommen ist, daß Ludwig XVI. eine »außerordentlich sympathische Persönlichkeit gewesen sein muß«.[19]

Pierre Renoir, der Schauspieler, macht aus ihm das, was man in Frankreich einen *bonhomme* nennt. Diese Bonhomie, vom Regisseur als Attribut von Überlegenheit und politischer Hellsichtigkeit begriffen (»Ich habe sogar den Eindruck, daß dieser Mann sich als Opfer des Schicksals wußte, und wußte, daß es nichts mehr zu kämpfen gab. Ich wollte den Eindruck von einer Person geben, die *weiß*.«[20]), hängt unmittelbar zusammen mit seiner Indifferenz und Entschlußlosigkeit bei politischen Entscheidungen.

Wird die Bastille gestürmt, liegt er im Bett und ißt. Rüstet Paris zum Aufstand des 10. August, ist er wieder beim Essen und lobt diese neue Frucht, die Tomate, die das Marseiller Bataillon eingeführt hat. Für die Publikation des Manifestes mag er sich nicht entscheiden, Marie-Antoinette macht ihm daraufhin eine Szene vor versammelter Ministerrunde. Er gesteht seinen Grund: es wäre ihm unangenehm, mit Franz II. auf die Jagd zu gehen. Warum? Er schießt schlecht. Die Königin bricht, den König erweichend, in Tränen aus, und der bittet schließlich darum, das Manifest an die Versammlung zu geben.

Rufen ihm die Kanoniere entgegen: »Nieder mit dem Veto!«[21] »Es lebe die Nation!«, dann schreckt er zurück wie vor einem aufgebrachten Hund. Er ruft den Eindruck eines Menschen hervor, der sich bewußt ist, daß er aus objektiven Gründen seine Autorität und damit seine Identität als König eingebüßt hat, und, weil er diese Rolle weiterzuspielen gezwungen ist, mehr vor dieser Rolle zurückweicht als vor seinen Feinden.

Der Thron war gestürzt. Die Passivbürger, die Handwerker und kleinen Ladenbesitzer waren in spektakulärer Weise auf die politische Bühne getreten.

Sobald sich jedoch die demokratische Volksrepublik mit der zweiten Revolution vom 10. August ankündigte, zeichneten sich auch schon die Widerstände gegen sie ab. Die durch die Versammlung mit girondistischer Majorität repräsentierte legale Gewalt stellte sich der revolutionären Gewalt, der aufständischen Kommune, entgegen.

Die äußere Gefahr war noch bei weitem nicht gebannt. Die Invasion schritt voran und belebte das revolutionäre und patriotische Fieber. Daß die Preußen am 19. August in Frankreich einmarschierten, war ein wesentlicher Grund für die ›Massaker im September‹ und die ›erste Schreckenszeit‹[22]. Im gleichen Maße, wie Angst und Haß gegenüber dem Eindringling von außen wuchsen, verstärkten sich Angst und Haß gegenüber dem Feind von innen, den Aristokraten und ihren Helfern. Marat hatte den Kriegsfreiwilligen bereits geraten, die Hauptstadt nicht zu verlassen, ohne die Feinde des Volkes gerichtet zu haben. »Obwohl helles Entsetzen um sich griff, sah man die Morde als eine gerechte Tat an«, heißt es über das Blutbad vom September in den Erinnerungen einer Frau aus dem Volke. »Indem das Volk seine Rache übte, hat es auch Recht gesprochen«, erklärte ein Kommissar der Kommune.

Die ›erste Schreckenszeit‹ war nicht nur ein plötzliches Aufbegehren des Volkes und ein Instrument der Regierung gegen die Feinde im Innern; sie war auch eine Antwort auf die von außen drohende Gefahr und trug zur Sicherung des Sieges bei. Für diesen Sieg steht das Datum des 20. September 1792, an dem die preußische Invasion bei Valmy zum Stillstand gebracht wurde.

Im Film sind die Ereignisse des September weggelassen, eine Analogie zu ihnen bildet jedoch jene Episode, die zum Epilog *Valmy* überleitet:

Die Erstürmer der Tuilerien nehmen an den gefangenen Schweizergardisten spontane Rache. In den Fluren des Palastes werden sie standrechtlich erschossen. Bis Roederer auftritt und im Namen der Kommune Einhalt gebietet: die Gefangenen sollen durch Richter und Geschworene, gewählt durch die Pariser Sektionen, abgeurteilt werden. Diese Maßnahme entspricht formal dem Eingreifen des Überwachungsausschusses der Kommune im September und der Gründung von Volksgerichten. Gleichzeitig ist jedoch das Verschwinden der *Schreckenszeit* in einer Überblendung, die stattdessen von einer auf der abstrakt-militärischen Ebene von Sieg und Niederlage sich abspielenden Liquidierungsaktion ausgeht, Bestandteil einer Tendenz von Ideologisierung.

Der soziale Haß, der *schreckliche Zorn* unter der Pariser Sansculotterie[23] und den Massen der Landbevölkerung, der untersten Schichten, die fast allein die ganze Last des alten Gesellschaftsgefüges getragen haben, dieses Motiv fällt mit dem ›September‹ aus dem Film heraus.

Stattdessen verselbständigt sich die Unterscheidung zwischen Chaos und Ordnung von der grundsätzlichen zwischen dem neuen Regime und dem alten, dessen drohende Rückkehr die Erschütterungen ausgelöst hat, deren Opfer die Reaktionäre in den Gefängnissen wurden.

In den Zusammenhang mit dieser Tendenz zur Ideologisierung ragen all die inhaltlichen Bestandteile hinein, welche aus der Teilnahme des Volkes sowohl an den politischen Entscheidungen als auch an der militärischen Verteidigung der Revolution von 1789 resultieren. Die *politische* Verantwortlichkeit im Handeln unterscheidet die Patrioten von den Schweizergardisten, die – einer politisch-militärischen Arbeitsteilung unterworfen – blind gehorchen. Die Revolutionäre handeln selbstbewußt, agitieren, versuchen ihre Gegner zu überzeugen und unnötiges Blutvergießen zu vermeiden: in der Festung zu Marseille, beim Fechten nach dem gestörten Bankett; sie verbrüdern sich mit den Kanonieren, und als Bomier die tödliche Kugel traf, ist er dabeigewesen, einen Schweizer zu überreden, aufzugeben und in seine Berge zurückzukehren.

Insofern kann man sagen, daß – im Gegensatz zum König, der, handlungsunfähig geworden, seine Identität verliert – die Revolutionäre in der Verantwortlichkeit des Handelns ihre Identität gewinnen.

Gleichzeitig jedoch ist unverkennbar die Entfremdung zwischen dem *revolutionären Subjekt* und seinen Organisationen.

Arnaud macht eine Gruppe mit Beschlüssen vertraut und sagt dabei »wir«. Bomier: »Ich höre immer ›wir‹. Wer ist ›wir‹? Ich habe nichts beschlossen.«

Arnaud: »Wir, das sind die Repräsentanten der Leute, die du gewählt hast. Die Mitglieder des Zentralkomitees aller Föderierten von ganz Frankreich. Im Einklang mit ...«

Vor dem Angriff auf die Tuilerien beschwört der Befehlshaber die »friedliche und revolutionäre Aktion«.

Der Film versäumt nicht, neben den Exekutionen einen erhängten Plünderer ins Bild zu bringen und den gewieften Vermittler Roederer an die Adelsfrauen den Ratschlag erteilen zu lassen, sich »in den Schutz der organisierten revolutionären Einheiten« zu begeben.

Diese Dinge bezeichnen, für sich genommen, *die revolutionäre Disziplin* als verselbständigte Qualität, als Verordnung oder Moralkodex, insofern das, wovon sie Gegenbild sein soll, nämlich *barbarische Übergriffe, Gesetzlosigkeit* und *Anarchie*, nicht auf seine sozialen Wurzeln zurückverfolgt und in seiner tieferen Legitimation begriffen ist.

In diesem Punkt setzt sich der Film dem Verdacht aus, der Ideologie der Volksfront[24] seiner Zeit Rechnung tragen und der revolutionären Bewegung Salonfähigkeit bescheinigen zu wollen.

Dieser Salonfähigkeit auf der Seite des *subjektiven Faktors* der Revolution entspricht die Verharmlosung der objektiven Krisensituation, insofern die gesellschaftlichen Widersprüche, die zur Revolution geführt haben, im Film aus der revolutionären Bewegung selbst getilgt sind, die – als Bestandteil dieser Wirklichkeit – ihre Spezifik aus diesen Widersprüchen heraus entwickelt:

das naturwüchsige Interesse der Bourgeoisie, auf den Trümmern des *ancien régime* mit Hilfe der unterdrückten Klassen eine neue Klassenherrschaft über sie aufzubauen. Auch die Verklausulierung dieser Tatsache im Film, ihre thematische Verdrängung, kann nicht unabhängig von der politischen Konstellation zu seiner Entstehungszeit gesehen werden.

1 Gemäßigte Republikaner, 1792.

2 Albert Soboul: Die große Französische Revolution. Frankfurt am Main 1973. S. 93 f.

3 Drei ägyptische Könige der 12. und einer der 13. Dynastie. In den griechischen, von Herodot und Diodor überlieferten Sesostris-Sagen sind Züge verschiedener Träger des Namens vereinigt.

4 Französischer Staatsmann, 1860–1934.

5 Jean Renoir: Écrits 1926–1971. Paris 1974. S. 254.

6 Ort im französischen Département Pas-de-Calais, bekannt durch den blutigen Sieg Heinrichs V. von England über das weit stärkere französische Heer am 25. 10. 1415.

7 La marche de l'idée: Entretien avec Jean Renoir par Michel Delahaye et Jean Narboni, in: Cahiers du Cinéma 196. Paris o. Jg. Dezember 1967. S. 21.

8 Bertolt Brecht, zit. n. Wolfgang Gersch: Film bei Brecht. München 1975. S. 155.

9 Cahiers du Cinéma 196. a.a.O. S. 68.

10 Das hier und im folgenden kursiv Gedruckte entstammt wörtlich oder in abgewandelter Form dem Buch von Albert Soboul: Die große Französische Revolution. a.a.O.

11 griechisch ›Mauerschau‹. Mittel im Drama, nicht darstellbare Ereignisse dem Zuschauer dadurch nahezubringen, daß ein Schauspieler sie schildert, als sähe er sie außerhalb der Bühne vor sich gehen.

12 Helmut Färber: Notizen. Qualität von Video/Videoarbeit, in: Filmkritik 6/76. Nr. 234, 20. Jg., Juni 1976. München. S. 241.

13 Sie wurde erst später so genannt. Ich behalte den Namen im folgenden jedoch bei.

14 Die Föderationen manifestierten von 1789 an das Einverständnis der Nation mit der revolutionären Sache. Geboren aus lokalen Bündnissen zwischen Einwohnern des Landes und der Städte erreichte diese Bewegung ihren Höhepunkt mit der nationalen Föderation vom 14. Juli 1790, in der sich die Einheit Frankreichs endgültig vollzog.

15 Die Bezeichnung ›Jakobiner‹ verdanken beide Gruppierungen dem Jakobinerkloster zu Paris, dem ersten Versammlungsort der kämpferischen, revolutionären Bourgeoisie. Der Klub der ›Feuillants‹ spaltete sich von den Jakobinern ab, als diese 1791 nach der Flucht des Königs ihre demokratische Entwicklung einleiten. Er war im alten Kloster der Feuillantiner bei den Tuilerien beheimatet.

16 Die ›Passivbürger‹ waren vom Wahlrecht ausgeschlossen, da sie kein Recht auf Eigentum geltend machen konnten.

17 Jean Renoir, in: Cahiers du Cinéma 196. a.a.O. S. 21 f.

18 Bomier lernt in Paris Louison kennen und verliebt sich in sie.

19 Cahiers du Cinéma 196. a.a.O. S. 18.

20 Ebd.

21 Bezieht sich auf das königliche Vetorecht.

22 Vom 2.–6. September wurden mehr als 1100 Gefangene in den Gefängnissen getötet, »um die innerhalb unserer Mauern versteckten Legionen von Verrätern in dem Augenblick durch Angst und Schrecken zurückzuhalten, in dem das Volk gegen den Feind marschiert«. (Der Überwachungsausschuß der Kommune)

23 Bezeichnung für die Demokraten, weil sie keine Kniehosen (culottes), sondern lange Hosen (pantalons) trugen.

24 Zusammenschluß der Kommunistischen Partei mit bürgerlichen Linksparteien gegen die Gefahr des Faschismus.
Zur Politik der Volksfront an einem anschaulichen Beispiel, vgl.: Lutz Mez und Winfried Trempenau: Historisch-bibliographische Anmerkungen zum Verständnis der Zusammenhänge von Bürgerkrieg und Revolution in Spanien (1936–1939), in: Filmkritik 10/74. Nr. 214, 18. Jg., Oktober 1974. a.a.O. S. 486 f.

Sein oder Nichtsein

Der Film hat zum Gegenstand den Hamlet-Monolog ›Sein oder Nichtsein‹; Szenen aus ›Gestapo‹, ›einem realistischen Zeitdrama‹, das von der polnischen Zensur verboten wird, weil es Hitler beleidigen könnte; schließlich den Überfall Nazideutschlands, für den »die Nazis selbst die Regie übernehmen und ganz Polen zur Bühne wird«, ein Drama, für das es »keinen Zensor gab«.

Und in allen drei Stücken spielt das Ensemble des Teatr Polski. Im letzten, bei dem es tatsächlich um Sein oder Nichtsein geht, teilen sich die Schauspieler mit richtigen Gestapo-Männern in die Hauptrollen.

Im August 1939 – in Europa ist Friede – verursacht die Gestalt Adolf Hitlers, des kleinen Manns mit dem Schnurrbart, in Warschaus Innenstadt einen Menschauflauf.

Eine Rückblende informiert, wie es dazu gekommen ist. »Der ganze Rummel begann im Hauptquartier der Gestapo, in Berlin . . .« –

wo einem kleinen Jungen die Pointe des Führerwitzes, daß »man nach Napoleon einen Cognac benannt hat, einen Hering nach Bismarck und aus Hitler würde sicher mal . . .« aus dem Mund genommen wird: ». . . ein Harzerkäse«, ergänzt ein Offizier, um gleich darauf seine Ergebenheit für den Führer zu beteuern, gipfelnd im zackigen Hitlergruß als Beschwörungsformel seiner Rechtfertigung. »Heil Hitler« rufen alle nacheinander, bevor der Führer selbst erscheint und auf die Begrüßung entgegnet: »Ich heile mich selbst.«

Aber dieser Lacher steht nicht im Text, und der Hitlerdarsteller Bronski bekommt vom Regisseur einen Rüffel. Ebenso die Schauspielerin Maria Tura, die in einem himmlischen Abendkleid auftritt, mit Rückendekolleté:

»Aber das Kleid tragen Sie doch nicht im Konzentrationslager!?«

Schließlich tritt Bronski, in dem der Regisseur »den Hitler nicht riecht«, zum Gegenbeweis auf die Straße, in die Szene vom Anfang . . . Die Aufregung, die er verursacht, gibt ihm recht. Dann wendet sich ein kleines Mädchen an ihn:

24

»Bitte ein Autogramm, Herr Bronski!« (Abb. 24). Erst als er seinen Namen aufs Papier setzen will, wird Bronski stutzig ...

In dieser Einleitung sind die Elemente enthalten, aus deren Variation sich im Verlauf des Films immer neue komische Situationen ergeben:

Eine real scheinende Szene, die sich als gespielt herausstellt; später – während der deutschen Besetzung Warschaus – wirkliche Gestapo-Männer, die sich als verkleidete Schauspieler erweisen.

Der Führerwitz – spontanes Lachen, erstarrend in Reue und Beschwörung der Abbitte im rituellen »Heil Hitler!«. Genauso werden die echten Nazis reagieren.

Der Führerwitz als Blasphemie: sogar für die Hinrichtung des Hauptes der polnischen Untergrundbewegung wird als Begründung geltend gemacht, daß er über den Führer Witze erzählt hat.

Die kleinen Schwächen der Schauspieler, ihr Ehrgeiz, die Kollegen an die Wand zu spielen. Und ihre großen Hoffnungen.

25

Bronski wird später einen richtigen Hitler abgeben, mit Erfolg. Und Joseph Tura wird seine Darstellung des Gruppenführers eine große Hilfe sein im Umgang mit dem leibhaftigen Gruppenführer Ehrhardt.

Grünberg, der davon träumt, den Shylock zu spielen, während er nur einen Spieß tragen darf (Abb. 25), wird das Foyer des Teatr Polski zur wirklichen Rialto-Szene gestalten, und damit sich und seine Freunde vor dem Tod erretten . . .

Und dann Joseph Tura als Hamlet. Der große Monolog, in dem sich der Held in theoretischer Anschauung wie ein Kunstwerk betrachtet. Der Konflikt in seinem eigenen Charakter beschlossen, und die äußeren Voraussetzungen nur ein Anlaß für die Entfaltung der Subjektivität von Herz und Gemüt:

dies Verhältnis wird sich umkehren. Empfindsamkeit und Ehrgeiz seiner Schauspielernatur werden ihn anstacheln, die Wirklichkeit des polnischen Widerstands selbst zum Bewährungsfeld zu machen für sein Talent.

Es fängt harmlos an. Aber für Joseph Tura ist es eine Katastrophe, daß ›man ihm den

Hamlet nicht mehr glaubt‹. Nur der Film-Zuschauer weiß, daß der Grund für das Weggehen des jungen Fliegerleutnants aus der zweiten Reihe in einer Botschaft Maria Turas liegt:

». . . dann kommen Sie in meine Garderobe, wenn Hamlet seinen Monolog beginnt: ›Sein oder Nichtsein‹ . . .«

In die Garderobe platzt die Nachricht vom Kriegsausbruch. Fliegeralarm. Die Stadt in Trümmern. Die Statisten Bronski und Grünberg schaufeln jetzt Schnee . . .

»Ob wir wohl jemals wieder einen Spieß tragen?«

Unterdrückung, Auflehnung in Warschau . . .

. . . während die Flieger des polnischen Geschwaders der Royal Airforce in London dem Propagandisten Prof. Siletzsky ein Lied vorsingen. Unter den Fliegern ist Stanislav Sobinski, der junge Mann aus der zweiten Reihe, der Verehrer von Maria Tura. Sobinski ist erstaunt, dann gekränkt, daß der Professor Maria Tura nicht kennt, obwohl er in Warschau gelebt haben will.

Er wird mißtrauisch und wendet sich an den Geheimdienst, der dem Professor, inzwischen in geheimer Mission nach Warschau gereist, den Leutnant hinterherschickt.

Wenn Sobinski sich bereitmacht zum Fallschirmabsprung, dann fällt mir auf, daß alles vergessen ist: seine Liebe zu Maria Tura, der er versprach wiederzukommen; die äußeren Umstände, unter denen er dieses Versprechen jetzt ausführt: die Verdächtigung Siletzskys; daß aber auch das Fortschreiten der Handlung, nach dem Fallschirmabsprung, nicht interessiert.

Es ist die atmosphärische Dichtheit der in sich selbst beschlossenen Situation, die mich ergreift: das dunkle Dröhnen der Motoren, daraus aufsteigend das heroische Tschaikowsky-Motiv. In dem kleinen schäbigen Flugzeugrumpf, verloren kauernd, ein Mensch. »Noch zehn Minuten!« »Ist gut!« Und während Sobinski sich hinausfallen läßt, richtet sich unser Blick durch die Pilotenkanzel auf das Wolkengebirge, dem die Maschine zusteuert.

Ich erinnere mich an einen Verweis auf Shakespeare, im Zusammenhang mit diesem Film, auf das ›Theater im Theater‹ als ein System von Spiegelungen, das jeder Episode eine doppelte Kraft zu geben vermag.[1] Jetzt wird mir – über die Szene im Flugzeug – klar, was diese Behauptung besagt.

Es ist der gespielte Ausdruck einer bestimmten Empfindung, Leidenschaft, der uns – anders als ihre wirkliche Erfahrung – zum Gegenstand wird für ästhetisches Genießen. Die Akteure dieses Films, Schauspieler auf der Bühne und im Leben, haben es sich zur Gewohnheit gemacht, einen einzelnen Gemütszustand – Enttäuschung, Eifersucht, Sehnsucht – so rein und klar in ihrem Verhalten nach außen zu kehren, daß die Erfahrung des großen Zusammenhangs ihrer Rolle der Kontinuität entbehrt. Was sie darstellen hat keine Berührung mit den Episoden eines imaginären Lebenslaufs und

26

dem natürlichen Aufgehobensein des Vergangenen im Gegenwärtigen. Es findet keine Identifizierung statt, die uns einschließen würde in die Begebnisse, denen die Subjektivität der Schauspieler unterworfen ist.

Das Umgekehrte ist der Fall: die Schauspieler gestalten die Empfindungen künstlich, sie verschmelzen nicht ganz und gar mit ihnen, so daß unser Lachen statt der dargestellten Person den Vorgang betrifft, wie diese Person die Leidenschaft, die Eitelkeit, usw. *bezeichnet.*

Auch die Zuneigung des Leutnants zu Maria Tura, zunächst ehrfurchtsvoll zurückhaltend, dann als leidenschaftliches Werben um sie, ist *gespielt,* mit jener Nuance von Übertreibung, Theatralik, die unsere Aufmerksamkeit auf sich selbst zieht, auf das sich verselbständigende *Spiel,* in dem die Personen restlos aufgehen (Abb. 26).

Von daher der plötzliche Stimmungsumschwung innerhalb einer einzelnen oder zwischen zwei Szenen. Eben noch malt Stanislav der angebeteten Frau die gemeinsame Zukunft aus, und im nächsten Augenblick hat ihn die Nachricht vom Kriegsausbruch so in Wut versetzt, daß er von einer ganz anderen Zukunft, *mit der gleichen Ergriffenheit,* spricht.

»Das werden sie schwer büßen und teuer bezahlen!«

Es ist in diesem Wechsel nicht die Verwandlung beschworen, die in einem Menschen hervorgerufen wird, sondern in der Form des mimischen und sprachlichen Ausdrucks dieser Prophezeiung gewinnt die individuelle Entschlußkraft zum Widerstand selbst verallgemeinernden Ausdruck.

So können, vermittelt durch ein und dasselbe Subjekt, in ein und derselben Szene das Erhabene und das Komische in der pathetischen Überhöhung des Spiels nebeneinandertreten.

Was für die Schauspieler gilt, betrifft auch die anderen Gestaltungsmittel des Films. Sie sind so eingesetzt, daß jede Sequenz eine ganz bestimmte emotionale Tönung aufweist, die sie dem Satz einer Sinfonie vergleichbar werden läßt:

die Elegie der Niedergeschlagenheit nach Hitlers Überfall; der aufflammende Widerstand; der gelöste Optimismus der polnischen Flieger – Stücke, komponiert aus Musik, gesprochenem Kommentar, nachgestellt dokumentarischen Bildern und gespielten Szenen.

So wie jedes dieser Stücke einer einzigen, ganz bestimmten Gefühlslage entspricht, so stellt sich der Film insgesamt nicht als organisches Ineinanderfließen von Handlung dar, sondern als in sich deutlich unterschiedene Totalität. Ein Merkmal, das alle Filme kennzeichnet, die bei mehrmaligem Sehen immer besser gefallen. Und diese Form der Konstruktion, aufbauend auf Gegensätzen, verleiht dem Film die innere Spannung bis in die kleinste Erzähleinheit hinein.

Wie anders ist die ganze Tragweite des Mißtrauens gegenüber Siletzsky zu erfassen als in der harten und plötzlichen Konfrontation mit jenem Bilde unbefangener, vom Eifer für die polnische Sache getragener Fröhlichkeit nach der Sing-Szene im Casino, wo die Flieger sich ebenso respektvoll wie besorgt um den Professor scharen?

So setzt der Film seine Geschichte aus lauter kleinen Episoden zusammen, von denen jede der Ausdruck einer einzigen gesteigerten Empfindung ist.

Eine Qualität, die über den konkret bezeichneten Inhalt des Dargestellten hinausgeht und, durch den abrupten Sprung von der einen auf die andere Gefühlsebene, deren bewußte Wahrnehmung überhaupt erst ermöglicht.

Die gesteigerte Empfindung einer Situation ist das Ergebnis des Spiels der Schauspieler und dessen spezifischer Formung durch den Film. Da die Episoden künstlich erzeugte sind und ihre Aufeinanderfolge nicht den alltäglichen, zur Gewohnheit gewordenen Vermittlungen des realen Lebens unterliegt, begreift auch der Zuschauer einen Stimmungsumschwung anders als im Leben, wo er ihn organisch und passiv an sich erfährt. Das Eingehen auf die Peripetien der Story erfordert von ihm in dem Maße Konzentration und Gedankenarbeit, wie der Film in jedem einzelnen Stadium der Handlung den vollen Erfahrungsgehalt mitteilt, wie ihn die jeweilige konkrete Situation bedingt.

Die Intensität einer gespielten Szene hängt davon ab, daß sich die vorgestellte Person aus der Begrenztheit ihrer jeweils möglichen Einsicht heraus engagiert, als könne alles ganz anders werden, obwohl der Schauspieler schon weiß, wie es weitergeht.

Setzt sich dieses Wissen als Unverbindlichkeit in Spiel und Inszenierung durch, dann reduziert sich der Film auf ein Vehikel, das die Handlung auf eingeebnetem emotionalem Niveau transportiert, ohne den Zuschauer durch Erschütterungen aufzuschrecken.

Im umgekehrten Fall hat der Film mit jeder Szene einen neuen Anfang, wir treten aus der vorhergegangenen wie aus einem Dickicht ins Freie, und, alles überspringend, was sich im wirklichen Leben an Belanglosem ereignet, finden wir uns wieder in einer ganz neuen Situation, die um so eindringlicher auf uns wirkt, als sie die Herausforderung eines Widerspruchs zur vorhergegangenen enthält.

Die extremste Form eines solchen Widerspruchs innerhalb der Handlungsfolge ist der Wechsel der Erzählebene, wie er beispielsweise beim ›Spiel im Spiel‹, um auf den Ausgangspunkt dieser Reflexion zurückzukommen, erfolgt.

Während jedoch diese Methode auf dem Theater durchsichtig bleibt, was begründet ist in der Formalisierung der Aufführungspraxis: Auftritte und Abgänge der Personen; Gliederung und Übersichtlichkeit des Bühnenbildes; Einteilung in Szenen und Akte, – gibt es demgegenüber im Film die Möglichkeit, den Wechsel von der ›realen‹ auf eine ›fiktive‹ Ebene zu verschleiern.

Eine solche Verschleierung bestätigt der vom Kommentar gesprochene Satz: »Na ja, der ganze Rummel begann im Hauptquartier der Gestapo, in Berlin . . .«, eine Erklärung, die, wie sich herausstellt, keinen realen Schauplatz, sondern den Schauplatz der Handlung des Theaterstückes *Gestapo* benennt.

Erst das Eingreifen des Regisseurs ermöglicht die Wahrnehmung, daß wir einem *Spiel im Spiel* beigewohnt haben. Sieht man den Film dann zum zweiten Mal, erkennt man im Gruppenführer den Schauspieler Joseph Tura, in Hitler Bronski, etc., dann spielt dieselbe Szene auf zwei verschiedenen Ebenen. Die Spiegelung, beim *Theater im Theater* übersichtlich als realer Vorgang auf die Bühne gebracht, ist in die Szene selbst hineingelegt: das Spiel der Schauspieler reflektiert seinen Sinngehalt, und der bedeutete Vorgang wirft, vom Ende des Films her gesehen, ein Licht auf das Agieren der Schauspieler als einer Praxis, die selbst einwirkt auf die bedeutete Realität.

Es ist in dieser ›Gestapo‹-Szene die höchste Steigerung der Ausdruckskraft der Darsteller angezeigt, insofern, als die gespielte Szene unmittelbar als ›real‹ erscheint. Der Beweis erfolgt als Negation, in der Enthüllung des Bühnencharakters dieser Begebenheit. Eine Enthüllung, die andererseits dazu führt, daß die primäre Erzählebene, die jetzt mit dem Disput bei der Probe beschritten wird, ihre Eigenschaft als Fiktion verschleiert und – im Gegensatz zur Bühnen-Szene – Realitätscharakter annimmt.

Der Film impliziert jedoch – von seinem Ende her gesehen –, daß die Schauspieler zunächst ihr Können in den Dienst einer vom Zuschauer bewußt aufgenommenen Repräsentation von Wirklichkeit stellen. Später, als Widerstandskämpfer, müssen sie ihre Kunst – als autonome Qualität – vor dem Feind verbergen, um nicht als das zu erscheinen, was sie wirklich sind: als Schauspieler. Daß es der Zuschauer weiß, ist ihm die tiefste Quelle des Vergnügens, weil sich in dem Umstand von Verkleidung und Verstellung der Ernst und die Komik der Situation vermitteln.

Bronski ist später wirklich Hitler. Er wird auf seinen Lacher »Ich heile mich selbst« verzichten und stumm das Teatr Polski verlassen.

Was sich also ebenfalls erst beim zweiten Sehen ergibt, ist, daß man in den Schauspielern zu Beginn schon die Protagonisten des wirklichen Widerstands erkennt, so daß sich in der Person selbst eine andere Person widerspiegelt.

Das »System von Spiegelungen« erweist sich als ein Verfahren, das bis in die Identität der Personen hineingreift.

Das ›Gestapo‹-Stück ist, insofern wir die Schauspieler mit ihrer Rolle in diesem Stück in Verbindung bringen, virtuell über den ganzen Film hinweg als ›Spiel im Spiel‹ in ihm enthalten.

Die »doppelte Kraft«, die das Spiegelsystem »jeder Episode (...) zu geben vermag«, hat in *Sein oder Nichtsein* zum Resultat, daß wir im Bühnenvorgang gleichzeitig ein Element der realen Auseinandersetzung zwischen Gestapo und Widerstand vorweggenommen sehen; und daß wir umgekehrt in die Lage gesetzt sind, dann, wenn es auf Leben und Tod geht, das Risiko für die Akteure daran zu messen, ob sie aus den Proben was gelernt haben: nämlich, so gut zu spielen, daß man den Schauspieler nicht merkt.

Insofern aus dem Spiel Ernst wird, hat der Film die Erhabenheit zum Grundton; weil die Schauspieler jedoch im Spiel ihre Identität als Künstler verbergen müssen, der Beifall tödlich wäre, und die Spieler darunter leiden, – deshalb wird die dominierende Moll-Ebene zum Resonanzboden für die wunderbare Komik, die aus dem Ehrgeiz und der Eitelkeit, den Berufskrankheiten der Schauspieler, hervorgeht.

Durch diese Konstruktion der Geschichte sind wir dahingeführt, das Erscheinungsbild einer Person und deren wahre Identität auseinanderzuhalten, so daß etwas, was wir normalerweise als ganz selbstverständlich hinnehmen, hier zum Ziel wird für unsere Aufmerksamkeit: das Äußere der menschlichen Gestalt, Körperhaltung und -bewegung, Gesichtszüge, Mimik, Gestik, etc. Mit anderen Worten: es entsteht, indem wir den schauspielerischen Ausdruck bewußt wahrnehmen, ein Widerspruch zwischen diesem Akt der Bezeichnung und der bezeichneten Sache selbst.

Die Form, in welcher der Film mögliche reale Vorgänge für sich gestaltet, ist nicht die ihrer mechanischen Reproduktion, sondern die Form des Pathos. Die Eindrücke verschwinden nicht in der Linearität ihrer Aufeinanderfolge, sondern die Szenen entsprechen festen Gebäuden mit Wölbungen, getragen von den Säulen des gesteigerten

Gefühlsausdrucks der Akteure auf der einen Seite, auf der anderen von der in ihm bewirkten Verallgemeinerung und Erhebung über die vereinzelte, konkrete Situation.

So ist, um auf die Stelle im Film zurückzukommen, von der unser Exkurs seinen Ausgang genommen hat, die Peripetie:

Soldaten und Professor sind eins –

Verdacht gegen den Professor –

Entsendung Sobinskis nach Warschau –

von tieferem Erfahrungsgehalt als eine gewöhnliche, lineare action-Folge:

Die Soldaten *demonstrieren* – mit dem Ausdruck von Unbekümmertheit, Entschlossenheit, Begeisterung – ein Bild des gelösten, von selbstverständlicher Integrität jedes einzelnen getragenen Optimismus (Abb. 27). Die Herzlichkeit des Verhaltens gegenüber dem Professor, die Zeichen ihrer Verehrung und ihrer Sorge um ihn, als sie erfahren, daß er nach Warschau fährt, schließen Siletzsky fest ein in ihren Kreis.

Siletzsky *mimt* – und daß sein Verhalten wirklich *gespielt* ist, weiß man erst beim zweiten Sehen – die von wohlwollender Zärtlichkeit und Stolz auf die jungen, edlen Gemüter erfüllte Persönlichkeit.

27

Auf dieses abgerundete Bild von Einigkeit und Zuversicht fällt der Schatten des Unglaubens, wenn der Professor Maria Tura nicht kennt. Die Steigerung der Verdachtsmomente läßt sich ablesen am Gesichtsausdruck der Geheimdienstler:

Woher wissen die Soldaten, daß der Professor nach Warschau fährt?

Was? Er hat es ihnen gesagt?

Wie? Er hat die Adressen ihrer Angehörigen mitgenommen?

Das ist ja unfaßbar! Wenn die in die Hände der Gestapo fallen! . . .

In dieser Sequenz stehen die Inhaltsmomente, die sie vermittelt, wie zwei autonome Größen, die nacheinander sich offenbaren, im Raum: Vertrauen und Verdacht.

Und auf die äußerste Zuspitzung dieses Verdachts, gipfelnd in den letzten Vorbereitungen, den mit Eifer vorgebrachten Instruktionen der Offiziere:

Der Flug. Eine plötzliche Leere. Kein Schauspiel.

Kein Subjekt, das dem Zuschauer in Gebärde und Rede seine Intentionen zur Anschauung bringt.

Kein objektiver Sinn- und Erfahrungsgehalt, den die Darstellung vermittelt.

Nur der Ort: der Flugzeugrumpf,
die Zeit: »Noch zehn Minuten«
und die reine, unmittelbare Präsenz von Handlung.

Das Flugzeug, das den Leutnant von London nach Warschau fliegt, erscheint uns gleichzeitig in seiner abstrakten Qualität als Transportmittel für Handlung, weil wir ganz plötzlich in diesem Bilde vermissen, was die Schauspieler bewirkten: sie schufen einen *dramatischen Raum*, in dem die einzelne Szene – ihrer Relativität in bezug auf das Ganze enthoben – zur autonomen Projektionsfläche wurde für die Transparenz von subjektiver und objektiver Wirklichkeit, Schein und Sein, Selbstverständnis und realer Funktion der Personen.

Im Flugzeug ist Leutnant Sobinski zunächst nur schemenhaft sichtbar, dann – näher rückend, den Augenblick des Fallschirmabsprungs erwartend – in seiner bloßen Körperlichkeit allein *Gegenstand* für die Kamera, ohne die Szene durch gespielten Ausdruck zu transzendieren.

Die Ereignislosigkeit der Augenblicke vor dem Absprung wird zum Sinnbild für das Vergehen von Zeit, für die Stetigkeit der Aktion, den unmittelbaren, lückenlosen Zusammenhang, in dem sich die Handlung des Filmes vollzieht.

Die geheime Mission von Sobinski ist nicht als Erfahrung des Helden, sondern mit der Betonung des in der Sache begründeten konspirativen Gehalts realisiert:

Im Büro des intelligence-service bittet man den Leutnant, während der Beratungen »draußen zu warten«.

Das Ergebnis dieser Beratungen verschwindet in einer Ellipse: wenn der General dem Leutnant schließlich eröffnet, was er zu tun hat, dann faßt er bereits zusammen: »Also noch einmal, Leutnant: Sobald Sie in Warschau sind, . . .«

Dabei ist nicht Sobinski zu sehen, sondern nur eine Hand, die ein Paßfoto von Siletzsky im Absatz eines Schuhes versteckt. Dann wird der Schuh angezogen, und wenn alle Erläuterungen vorgebracht sind, schwenkt die Kamera hoch, um den Blick auf Sobinski und die anderen Personen freizugeben.

Im Flugzeug ist Sobinski allein in seiner körperlichen Gegenständlichkeit erfaßt.

Nach dem Fallschirmabsprung wird er von den Deutschen verfolgt. Es ist Nacht, und es fallen Schüsse. Niemand ist deutlich zu erkennen. Sobinski entkommt.

Für ihn übernimmt Maria Tura den letzten Teil der Aktion. Sie fragt in der Buchhandlung Stalupa nach einer Ausgabe von Tolstois *Anna Karenina,* legt Siletzskys Foto auf Seite 105, gibt das Buch zurück, bedauernd, daß es zu teuer sei und geht – vorbei an zwei deutschen Soldaten – hinaus auf die Straße.

So findet die Warnung ihren verborgenen Weg in den Warschauer Untergrund, und es ist dieser Weg, der Vorgang der Übermittlung selbst, welchen der Film gestaltet. Ein Weg, auf dem das handelnde Subjekt – Sobinski, Maria Tura, der Buchhändler – ganz mit seiner Funktion verschmilzt:

die Detailaufnahme von Sobinskis Schuh,

der Transport im Flugzeug,

schließlich die Austauschbarkeit der Person des Leutnants.

Auch Maria Tura ist in der Buchhandlung nicht mehr als ein Element innerhalb eines Motivbildes, das den heimlichen Widerstand selbst zum Gegenstand hat:

die dämmrige Düsternis des Ladens;

empfindsame Streichermusik;

die Assoziation des Gegensatzes Kultur/Barbarei, hervorgerufen durch die übertriebene Höflichkeit des ergrauten Buchhändlers, die träumerisch-schmachtende Art, in welcher er den Buchtitel *Anna Karenina* wiederholt, und andererseits die Anwesenheit der beiden Okkupanten.

Die angespannteste Aufmerksamkeit im Raum, das Schielen hinüber zu den beiden Deutschen, die sich Ansichtskarten betrachten, und die scheinbare Unterwürfigkeit des Buchhändlers, wenn sie den Laden verlassen.

Währenddessen schläft Sobinski im Ehegemach der Turas aus.

Vom Augenblick an, in dem der Ehemann das Zimmer betritt, ist die Sache komisch. Seine Eifersucht ist bekannt. Er besieht sich den jungen Mann aus der Nähe, und da kommt ihm eine Idee. Er stellt sich in eine Ecke des Zimmers und deklamiert:

»Sein oder Nichtsein, das ist hier die Frage . . .«

Und nun erhebt sich Sobinski wie ein Schlafwandler und macht ein paar Schritte, bis er auf Joseph Tura stößt, der ihn zur Rede stellt.

Das Verwirrspiel steigert sich, als Frau Tura nach Hause kommt. Sie spricht zu Sobinski aufgeregt von Siletzsky, der schon vor Sobinski in Warschau angekommen ist.

Herr Tura, der keinen Siletzsky kennt, richtet sein ganzes Interesse auf den fremden Mann, der in seinem Bett gelegen hat und seine Pantoffeln trägt.

Nachdem der Film auf das Bekanntwerden des Kriegsausbruchs hin eine explizit dokumentarisch-politische Dimension annahm, innerhalb derer sich die Individualität der Personen tendenziell auslöschte, taucht jetzt Joseph Tura wie ein Relikt aus der Vor-Vergangenheit des Privaten wieder auf.

In dem Augenblick, in dem sich der Prozeß der Ent-Individualisierung in der Austauschbarkeit der Personen vollendet, wenn Maria Tura statt Sobinski zur Buchhandlung geht, da gewinnt für Joseph Tura gerade *die besondere Individualität* Sobinskis, der in seinem Bett liegt, Bedeutung (»Sein oder Nichtsein«).

Wenn Frau Tura das Paßfoto in der Buchhandlung hinterlegt, ist es schon zu spät. Im Treppenhaus ihrer Wohnung trifft sie zwei uniformierte Deutsche, die sie ins Hotel Europesk bringen. Zu Siletzsky.

Der Professor empfängt sie höflich. Er vermutet hinter den Worten »Sein oder Nichtsein«, die ihn Sobinski in London gebeten hatte, Frau Tura zu übermitteln, eine geheime Botschaft an die Widerstandsbewegung.

Während Joseph Tura also in einem politisch bedingten Zusammentreffen das Anzeichen einer Liaison zu sehen glaubt, deutet der Professor einen Liebesgruß als subversiven Geheimcode.

Es ist die Aussichtslosigkeit seines Unterfangens, die Schauspielerin als Spionin zu engagieren, die es uns erlaubt, den Kerl zu vergessen und das Thema der Überredung, der Verführung, der einschmeichelnden Worte in direkter Weise Gestalt werden zu sehen. Hier sind sie, die bekannten Phrasen:

»Das Leben könnte für Sie wieder sehr angenehm werden, Frau Tura! . . .«

»Wir sind nicht brutal! Wir sind keine Bestien! Bitte, Frau Tura, seh' ich aus wie eine Bestie? Wir sind genauso wie andere Menschen. Wir lieben den Tanz, wir bewundern schöne Frauen. Wir sind menschlich, und manchmal sogar«, und das meint er anzüglich, »sehr menschlich«.

Die vieldiskutierte Frage, ob die Nazis Bestien waren oder ›Menschen wie du und ich‹, entlarvt sich als Scheinfrage insofern, als der Überredung a priori kein Einfluß auf das Handeln von Frau Tura bestimmt ist. Die Frage ist aber Bestandteil des Handelns von Siletzsky. Da es sich jedoch nicht von Subjekt zu Subjekt vermittelt, Siletzsky also ins Leere hineinredet, geht seine Rede nicht auf in ihrem Zweck, Frau Tura schwankend zu machen, so daß sich das Bemühen als solches verselbständigt und autonome Gestalt bekommt: als Rhetorik.

Die Schauspielerin nimmt seine Einladung zum Abendessen an, möchte die »polnische Sache jedoch in einem besseren Kleid vertreten« und später wiederkommen. Dies gibt ihr Gelegenheit, in die Szene mit Sobinski und ihrem Mann zu treten.

Frau Tura hat im Hotel mitbekommen, daß die Unterredung Siletzskys mit dem Gruppenführer am nächsten Morgen um 10 Uhr im Gestapo-Hauptquartier stattfindet. Es scheint keine andere Möglichkeit zu geben, als daß sie selbst den Professor beim Abendessen umbringt.

Doch der Stolz ihres Mannes läßt das nicht zu:

»*Ich* entscheide, mit wem meine Frau essen geht und wen sie umbringt!«

Und dann beschließt er, es selbst zu tun. »Aber wie?« »Ich bestelle Herrn Siletzsky einfach ins Gestapo-Hauptquartier!«

Die Kostümierungskomödie beginnt, indem ein Schauspieler-Kollege in der Uniform eines Obersturmbannführers dem Rendezvous des Professors mit Frau Tura ein vorzeitiges Ende bereitet:

»Es tut mir leid, aber Gruppenführer Ehrhardt mußte in letzter Minute umdisponieren. Er möchte Sie sofort sprechen.«

Das Ende des Rendezvous ist gleichzeitig der Anfang vom Ende Siletzskys:

»Ich bin jederzeit bereit, für den Führer zu sterben. Nur nicht in den nächsten drei Stunden«, schmeichelte er Frau Tura, noch bevor sich seine Prophezeiung an ihr erfüllte:

». . . werden auch Sie ›Heil Hitler‹ sagen.«

Doch ihr »Heil Hitler« war gespielt, aber der Bühnentod von Siletzsky wird echt sein.

Schauplatz des ersten Aktes der Maskerade ist ein ›Gestapo-Hauptquartier‹ im Teatr Polski. Am Schluß dieses ersten Aktes spielt Siletzsky doch noch jene wirkliche Leiche auf der Bühne, deren Rolle er eigentlich dem Gruppenführer Ehrhardt, alias Joseph Tura, mit vorgehaltener Pistole zugedacht hatte.

In jenem kritischen Augenblick hatte der sein Versprechen an die Kollegen, ›sich selbst an die Wand zu spielen‹, sozusagen buchstäblich erfüllt. Sein Interesse an dem Verhältnis zwischen Maria Tura und dem Leutnant war eine Spur zu lebhaft; sein Ärger über diese Liaison eine Spur zu echt. Und dann noch die unverhohlene Mißbilligung (Abb. 28) angesichts der Ignoranz des Professors, welcher »diesen hervorragenden polnischen Schauspieler, den großen Joseph Tura nicht kennt!«.

Was den ›geschäftlichen‹ Part seiner Rolle betraf, so hatte ihn Tura glänzend absolviert. Kam der Dialog ins Stocken, ergriff er dankbar die Gelegenheit, um auf ein Kompliment des Professors zurückzukommen:

»Also in London nennt man mich ›Konzentrationslager-Ehrhardt‹! Hahaha! Hahaha!«

Und auch er spendet Lob, beim Überfliegen der Namensliste:

»Ausgezeichnet, Professor! Wirklich ausgezeichnet! Die sind so gut wie tot!«

28

Die Liste hat ein Duplikat, das Duplikat liegt im Koffer im Hotel, und »das ganze Hotel ist ein Safe«. Also geht Joseph Tura – verkleidet als Professor Siletzsky – ins Hotel.

Dort trifft er neben seiner Frau, die man ohne eine Genehmigung des Professors nicht hinausgelassen hat, auf einen richtigen Sturmbannführer, mit Namen Schultz, der den Professor nun – abermals vorzeitig – zum Gruppenführer bringen soll.

War beim erstenmal der Professor richtig und der Bote falsch, so holt jetzt ein richtiger Bote den falschen Professor. Joseph Tura nimmt die Bürde der verfrühten Heldenrolle nicht ohne Großmut auf sich. Vor dem Abschied versichert er seiner Frau, unter vier Augen:

»Falls es doch mißlingt: – ich vergebe dir die Affaire mit Sobinski.«

Doch die rührende Wirkung seiner Worte ist nicht von Dauer.

»Aber komme ich zurück«, schränkt er ein, »ist das was andres.«

Der zweite Akt der Komödie hat das echte Gestapo-Hauptquartier zum Schauplatz.

Statt des richtigen Siletzsky und des falschen Ehrhardt spielen jetzt der richtige Ehrhardt und der falsche Siletzsky. Aber merkwürdig: dieser echte Gruppenführer Ehrhardt ist noch viel komischer als der von Joseph Tura imitierte.

Der Schauspieler hat aus seiner Begegnung mit Siletzsky gelernt. Er drückt bei der Begrüßung seine Freude darüber aus, »wieder einmal Gestapo-Luft atmen zu können« und weiß bei Gelegenheit zu berichten, daß der Ruf des Gruppenführers bis nach London gedrungen ist. »Man nennt Sie dort ›Konzentrationslager-Ehrhardt‹.«

Der Gruppenführer brüllt vor Lachen. Seine Aufgeräumtheit führt ihn sogar so weit, den Flüsterwitz über den Führer, den mit dem Harzerkäse, zu bringen, »den man sich überall in Warschau erzählt«, und selbst lauthals drüber zu lachen (Abb. 29).

Aber Siletzsky zeigt sich darüber gar nicht erfreut:

»Ich glaube kaum, rügt er, daß unser Führer als Delikatesse in die Geschichte eingehen wird.«

Ehrhardt ist erschrocken (Abb. 30) und kleinlaut:

»Ich hab doch nur Spaß gemacht!«

Seine kindliche Freude über die von Siletzsky vorgebrachte ›Entlarvung des Führers der ganzen Untergrundbewegung‹ weicht einem Wutanfall, wenn er von Schultz die Information erhält, daß sie den Mann vor zwei Tagen hingerichtet haben, weil er »niederträchtige, angeblich komische Witze über den Führer erzählt hat«. Ehrhardt, der »die Kuh erschießen statt melken ließ«, sieht sich blamiert und ist gern bereit, dem

29

30

Professor schnellstens zwei Plätze für einen Flug nach Schweden in Begleitung von Maria Tura, reservieren zu lassen.

Doch die letzte Anerkennung bleibt dem Sieger versagt. Befragt, ob ihm »der berühmte Schauspieler Joseph Tura bekannt« sei, antwortet Ehrhardt überraschend mit Ja.

»Es war lange vor dem Krieg«, erläutert er dann. »Was der mit Shakespeare gemacht hat, das machen wir heute mit Polen.«

»Die Gestapo-Chefs dieses Films«, schrieb Enno Patalas[2], »erscheinen nur als lächerliche Popanze, die eher Mitleid als Furcht provozieren (...) Bei Lubitsch erscheinen die Henker selbst als Opfer. Wenn der großartige Darsteller des ›Konzentrationslager-Ehrhardt‹, Sig Ruman, die Furcht des Subalternen vor seinem ›Führer‹ mimt, dann sieht man eher einen getretenen Ghetto-Juden vor sich, als einen in der Schule der Männerbünde, der Feme, der SS gehärteten Mann vom Schlage des Höß.«

Die hier ausgesprochene Trennung zwischen der abstrakt gefaßten Qualität des Darstellers (»hervorragend«) und der konkreten Wirkung seines Spiels, entspricht der im

Resümee desselben Artikels getroffenen Unterscheidung zwischen einer politischen und einer komödiantischen Beschaffenheit des Films:

»So tut man gut, diesen Film nicht als politischen zu sehen. Er erschließt seine liebenswerte Komik nur dem, der von seinen politischen Seiten abzusehen (...) vermag...«

Mit anderen Worten:
Der Film erschließt sich nur dem, der von ihm abzusehen vermag.

Daß man in dem Ehrhardt den Höß nicht abgebildet sieht, ist kein Kriterium gegen diese Figur. Was passiert denn, sobald wir das Scheusal Ehrhardt, das vorher schon mehrmals Erwähnung fand, auf der Leinwand erblicken und hören?

Zunächst fällt uns auf, daß die Rolle mit einem typisch amerikanischen Schauspieler besetzt ist: Übertreibung, Theatralik. Aber auf eine Weise, daß es schon wieder natürlich wirkt. Es entsteht ein Widerspruch zwischen der Person, die er verkörpert und seiner typisch angelsächsischen, gutmütig-behaglichen Erscheinung.

Dann überzieht der Darsteller aber auch das normale *overacting* noch um jene Spur, daß wir im Bewußtsein reagieren, *einen Komiker* vor uns zu haben: das Augenrollen eines Ben Turpin, die Geziertheit der Gestik eines Oliver Hardy.

Als Komiker jedoch ist dem Schauspieler jede Möglichkeit genommen, so zu tun, als sei er wirklich dieser KZ-Ehrhardt. Er macht vielmehr einen bestimmten Grundzug der Mentalität eines solchen Mannes zum Gegenstand seiner Komik.

Der Szenenablauf bewirkt an Ehrhardt einen ständigen Wechsel seiner Gemütsverfassung:

freudige Erwartung – Jovialität – Übermut – plötzliche Angst – Neugierde – Wut, Enttäuschung – Erleichterung.

Und da er jeden einzelnen dieser Gemütszustände voll ausspielt, fällt er vom einen in den anderen wie jemand, der nicht mehr Herr ist über sich selbst.

Unter dem Datum des 31. 8. 44 hat Brecht in seinem Arbeitsjournal notiert:

»in augenblicken der verstörung fallen im gemüt die bestände auseinander wie die teile tödlich getroffener reiche. die verständigung zwischen den teilen hört auf (plötzlich wird deutlich, wie das ganze aus teilen besteht), sie haben nur noch die bedeutung, die sie für sich selber haben, das ist wenig bedeutung ...«[3]

Es ist die Permanenz einer solchen Verstörung, die sich in der Folge der Gefühlszustände äußert, an die sich der Gruppenführer verliert. Diese Partikularisierung des ›Gemüts-Bestands‹ empfinde ich als exakte Entsprechung für die Existenzbedingung dieser Leute und als emotionellen Reflex ihrer inneren Verfassung.

Erst die planmäßige, in großem Maßstab betriebene Vernichtung von Menschen, der Aufbau von geeigneter Maschinerie und Verwaltung, die Einführung der Arbeitsteilung, ermöglicht den in seiner Detailfunktion nach dem Augenschein durchaus umgänglichen, angenehmen und gemütlichen Schreibtischtäter.

Der Gruppenführer empfängt Frau Tura, um ihr gerührt und fast schluchzend die Ermordung ihres vermeintlichen Liebhabers mitzuteilen:

»...und als man die Bühne aufrollte, fiel eine Pappsäule um, und heraus rollte die Leiche von Professor Siletzsky...«

Wenn der Gestapo-Mann wieder allein ist, klingelt das Telefon. Ehrhardt, hocherfreut:

»Oh! Guten Morgen, Professor Siletzsky!...«

Und dann fällt ihm ein, daß der doch tot sein muß, und seine Miene erstarrt. Siletzsky hat sich bei ihm angemeldet.

Maria Tura rennt herum, um ihren Mann zu warnen. In einem Schlupfwinkel der Untergrundbewegung erfährt sie, daß er böse war, weil jemand seinen Bart verkramt hat.

»Keine Sorge, ich hab' ihm einen neuen Bart gemacht und ihm noch einen extra Bart gegeben. Bei Tura kann man ja nie wissen...«

Bezieht sich beim Telefonanruf der Witz auf die Szene *vorher,* so bekommt die Sache mit dem Extra-Bart erst in der *folgenden* Szene einen Sinn:

Nach seinem Eintreffen im Gestapo-Hauptquartier konfrontiert man den Professor mit seiner eigenen Leiche und wartet vor der Tür gespannt auf die Reaktion. Der Gruppenführer meint es ungewollt gut mit seinem Opfer, indem er sich für »die psychologische Prozedur« entscheidet, deren Wirkung bei Intellektuellen besser und schneller erfolgen soll:

er läßt dem Professor Zeit. Was der inzwischen mit dem Rasiermesser bezweckt, wird ebenfalls, wie die Funktion des zweiten Bartes, erst vom Ende her deutlich. Dieses Ende sieht so aus, daß die drei Gestapo-Leute und der Professor um den Leichnam herumstehen, die Entlarvung des lebendigen Siletzsky scheint beschlossene Sache. Zum Spaß fordert ihn der Gruppenführer auf, doch mal am Bart des Toten zu ziehen, vielleicht ist er falsch. Doch Siletzsky bringt's nicht über's Herz. Dann macht's ihm der Gruppenführer vor, ... und hält den Ersatzbart in der Hand.

Jetzt muß man nicht allein über den Trick von Tura lachen, sondern noch mehr darüber, daß der Gruppenführer nur wegen des falschen Barts seinen Verdacht fallenläßt und den Schultz zusammenstaucht (Abb. 31).

Und gleichzeitig freut man sich – in Erinnerung an die Szene vorher, wo die Begründung für den Extra-Bart gegeben wurde – über die Durchsichtigkeit dieser ganzen Konstruktion.

Die eigentümliche Spannung des Films ist nicht identisch mit dem Nervenkitzel bestimmter Szenen. Vielmehr ist das Moment der Ent-Spannung schon in diesen Nervenkitzel mit eingeschlossen als die beruhigende Gewißheit von der *Konstruktion* der Handlung und der einzelnen Gags.

31

Zu der Herausforderung von Tura:

»Und wenn Sie noch den leisesten Zweifel hegen sollten, zupfen Sie auch an *meinem* Bart!«

gehört ganz einfach, daß der Gruppenführer selbstverständlich ablehnt:

»Ich bitte Sie! Herr Professor!«

Joseph Tura ist gerade dabei, mit allen Ehren verabschiedet zu werden, als sich der große Zusammenhang der Handlungskonstruktion wieder zu Wort meldet in Gestalt einer Schar von SS-Männern unter der Führung eines Generals von Seidelmann, Beauftragter für die Sicherheit des Führers.

Mit Vergnügen erkennen wir unter ihren Schirmmützen die vertrauten Gesichter der Schauspieler. Sie sind gekommen, um ihren Kollegen herauszuholen, unter dem Vorwand, ihn in besonderen Gewahrsam zu nehmen. Der Gruppenführer ist verdutzt:

»Aber das ist Professor Siletzsky!«

Doch Seidelmann herrscht ihn an:

»Da ist ein Mann mit einem Bart, und Sie können nicht mal an dem Bart ziehen!«

Nachdem der Held und die Zuschauer alles glücklich überstanden hatten, betrat mit den Schauspielern ein Personenkreis die Szene, dem dieser Teil des Geschehens verborgen blieb. Indem das gutgemeinte Handeln der Schauspieler ganz aus ihrem Nicht-Wissen heraus erfolgt, weist es auf *die Konstruktion* der Handlung, in welcher das Wissen um alle Zusammenhänge begründet ist.

Die Komik der Situation ist verflochten mit der Wahrnehmung der Technik ihrer Herbeiführung, so wie beim Witz die Pointe im Vorgang ihrer Produktion sich enthüllt. Der Film als Ganzes erweist sich als ein Witz, den man sich damals, 1942, in den USA, über den Führer, die Gestapo, etc. erzählt hat. Und jeder der Schauspieler hat dieses Verhältnis zu der Nazifigur, die er darstellt, ob ›real‹ oder zum Schein.

Insofern ist es absurd, die in der Form des Witzes enthaltene Kritik als den mißlungenen Versuch aufzufassen, das reale Phänomen des Nazismus unmittelbar widerzuspiegeln.

Die Schauspieler fassen einen letzten Entschluß, um ihre Haut zu retten.

Im Theater wird Hitler, in der Königsloge sitzend, einer Galavorstellung beiwohnen.

Es wimmelt von SS in Foyer und Wandelgängen. Einige sind zuviel: Grünberg sucht die Damentoilette auf. Da die Vorstellung nur von Männern besucht ist, kann er sich dort bequem umziehen. Seine Kollegen verschwinden nach und nach in der Herrentoilette. Nach dem Eintreffen des Führers erklingen aus dem Zuschauerraum, wie aus einem Dom, zuerst das Deutschlandlied, dann »Die Fahne hoch!«

Draußen, auf dem Gang, bildet sich ein Kordon aus SS-Leuten. Nur die Schritte des befehlshabenden Offiziers, die Reihe der Wachtposten gemessen abschreitend, werden in dieser Feierlichkeit des Hymnengesanges laut.

Dann springt Grünberg aus der Damentoilette, in Zivil. Im Nu ist er umringt, und, sich als patriotischer Fanatiker gebend, rezitiert er vor der gedämpften Tonkulisse des Deutschlandliedes seinen Shylock:

»... sind wir nicht Menschen?

Hab ich nicht Augen?

Hab ich nicht Hände? Organe! Sinne! Gliedmaßen! Empfindungen! Leidenschaften! ...«

Aus der Herrentoilette stürmt unbemerkt das bekannte Ensemble, diesmal als Leibgarde des Führers, in ihrer Mitte Bronski als Hitler.

Dem ›Führer‹ erteilt man den Rat, unter diesen Umständen sofort abzureisen. Grünberg wird als Attentäter mitgenommen. Alle Schauspieler machen sich auf zum Flughafen.

Unterwegs im Auto stellt Bronski fest, daß Tura seinen Bart verloren hat. Eine Kleinigkeit, die sich erst darin als folgenreich erweist, daß an Stelle des Ehemanns nun Bronski/Hitler höchstpersönlich die Aufgabe zufällt, Frau Tura abzuholen, die der Gruppenführer inzwischen leidenschaftlich umwirbt.

Der ›Führer‹, diese stürmische Szene mit abgrundtiefer Enttäuschung registrierend, stürzt den Mann in solchen Gewissenskonflikt, daß ein Schuß hinter verschlossener Tür seinen Freitod zu signalisieren scheint. Doch der folgende Ruf nach »Schultz!« deutet an, daß ihm auch das mißlungen und sein Leben samt Sündenbock ihm geblieben ist.

Während des Fluges in der Führer-Maschine den Ballast der deutschen Zwei-Mann-Besatzung abzuwerfen, erweist sich für die Truppe als ein Leichtes. Man bittet sie zum Führer, der ihnen befiehlt hinauszuspringen. Sie sagen »Heil Hitler!« und springen unverzüglich hinaus.

Nach dem Fallschirmabsprung der Truppe über Schottland umklammern Bauern fest ihre Mistgabeln wie beim Anblick des Leibhaftigen.
    »Zuerst war es Heß und jetzt er selbst!« stellen sie erschrocken fest (Abb. 32).

32

Am Ende kehren die Helden zurück auf die wirkliche Bühne.
    »Ganz besonders, da wir jetzt glücklich im Lande William Shakespeares sind ...« möchte Joseph Tura liebend gern den Hamlet spielen.

Der Wunsch geht in Erfüllung.

Es naht der große Augenblick seines Monologs.

Nachdem Hamlet meditierend und würdevoll an die Rampe getreten ist, schweift sein Blick drohend durch die Reihen. Doch Sobinski, sehr ernst, bleibt nach dem »Sein oder Nichtsein« dieses Mal sitzen.

Indessen geht ein Herr aus der Reihe hinter ihm.

Sobinski ist erstaunt. Hamlet ist wütend.

1 J(ean) D(ormarchi) über *To be or not to be*, in: Cahiers du Cinéma 198. Paris o. Jg. Februar 1968. S. 42.

2 In: Filmkritik 8/60. 4. Jg., August 1960. Frankfurt am Main. S. 241.

3 Bertolt Brecht: Arbeitsjournal. Erster Band 1942–1955. Zweiter Band 1938–1942. Anmerkungen von Werner Hecht. Hrsg. von Werner Hecht. Fotomechanischer Nachdruck. Berlin (DDR) o. J. S. 329.

Nicht versöhnt
oder Es hilft nur Gewalt wo Gewalt herrscht

Die literarische Vorlage, der Roman *Billard um halb zehn* von Heinrich Böll, erschien 1959. Dieser Roman erzählt einen Tag der Architektenfamilie Fähmel, der exakt als der 6. September 1958 bezeichnet wird. Der Ablauf dieses Tages wird aus der Perspektive einer Reihe von Hauptpersonen des Romans wiedergegeben, die selbst Mitglieder der Fähmelschen Familie sind oder in enger Berührung mit ihr stehen. Um die Person des Dr. Robert Fähmel, der ein ›Büro für statische Berechnungen‹ unterhält, gruppieren sich die Figuren seiner Eltern, des Architekten Heinrich Fähmel und dessen Frau Johanna, die seit sechzehn Jahren in einer Heilanstalt lebt, Roberts Sohn Joseph und Tochter Ruth, beide bereits erwachsen, Robert Fähmels Sekretärin Leonore, der Boy Hugo und das Faktotum Jochen aus dem Hotel *Prinz Heinrich* und Schrella, der Bruder von Roberts Frau Edith, die bei einem Bombenangriff ihr Leben verlor, deren Gestalt in der Erinnerung der handelnden Personen jedoch stets gegenwärtig ist.[1]

Der Film ist nicht leicht zu verstehen. Die Zuschauer haben Schwierigkeiten
   a) die Personen der Handlung zu identifizieren;
   b) die verschiedenen Zeit-Ebenen der Handlung zu erfassen;
   c) die Schauplätze zu lokalisieren.

Der Vorspann hat außer den üblichen Daten folgende Bestandteile:
   Zwei Brecht-Zitate – *Es hilft nur Gewalt wo Gewalt herrscht* (Untertitel des Films) und, nach dem langen Rolltitel mit den Schauspielernamen: *Anstatt den Eindruck hervorrufen zu wollen, er improvisiere, soll der Schauspieler lieber zeigen, was die Wahrheit ist: Er zitiert.*
   Ein Denkmal zur Erinnerung an fünf Opfer der Gestapo. Im Hintergrund die Mauern und der Turm des *Klingelpütz*-Gefängnisses zu Köln.
   Eine Plastik zur Erinnerung an die Menschen, die während des Zweiten Weltkriegs in Köln getötet wurden: *Die trauernde Frau* von Gerhard Marcks.
   Ein Musikstück aus der *Sonate für 2 Klaviere und Schlagzeug* von Béla Bartók, das während des Rolltitels einsetzt und mit Beginn der Handlung aufhört.
   Überblendung.

Ein Herr mittleren Alters beim Billardspiel. Es ist Robert Fähmel. Im Hintergrund der Hotelboy, der ihm zuschaut. »Erzählen, Junge, was?«

Das ist eine 3-Sekunden-Einstellung, und gleich darauf sind wir zurückversetzt ins Jahr 1934, auf den diesigen Sportplatz am Ufer des Rheins, wo zwei Schülermannschaften ein Schlagballspiel austragen (Abb. 33).

Der Film gibt weder durch einen Zwischentitel noch sonstwie einen Hinweis, wieviel Zeit zwischen dieser Szene und ihrer Erinnerung durch Fähmel liegt.

»Dreimal hatte ich gesehen, wie sie ihm den Ball mit aller Kraft ins Gesicht, gegen die Beine warfen, die Nieren trafen . . .«

Nur Trikots und Haarschnitt der Spieler stellen einen vagen Zeitbezug her.

Das Erzählen Fähmels irritiert durch hohe Geschwindigkeit. Einerseits spricht Fähmel zu dem Hotelboy, andererseits präsentiert der Darsteller Henning Harmsen den Text von Böll im Tonfall und Tempo einer Romanlesung, verhindernd, daß die Bilder und Originalgeräusche mit dem gesprochenen, kommentierenden Text verschmelzen zu einem einzigen Eindruck von Realität, in die sich der Zuschauer hineinversetzt fühlt.

Fähmel berichtet von Nettlinger und Vacano, dem Turnlehrer, die zu denen gehörten, die keine Gelegenheit ausließen, um Schrella, einen Mitschüler, zu schikanieren, ihm wehzutun.

Vom Schlagballspiel ein Panoramaschwenk über den Fluß und die Rheinwiesen, während Fähmel, nach einer Unterbrechung, seine Rede fortsetzt.

Zuerst hielt ich dies für dieselbe Landschaft, jetzt, 24 Jahre danach. Bis der Schwenk auf einer Eisenbahnbrücke endet, wo zwei der Schüler, über das Geländer gelehnt, auf den Fluß schauen und einen Dialog führen, der den Film jetzt – ihm die kommentierende Ebene nehmend – ganz in die Vergangenheit eintaucht:

Robert (18 Jahre alt): »Bist du Jude?«

Schrella (15 Jahre alt): »Nein.«

Robert: »Was bist du denn?«

Schrella: »Wir sind Lämmer. Haben geschworen: niemals vom Sakrament des Büffels zu essen.«

Die Verbindung zwischen Vergangenheit und Gegenwart, hergestellt durch den von Robert Fähmel gesprochenen Text, ist unterbrochen. Aus dem Kommentator der Vergangenheit, dem vierzigjährigen Robert, ist ihr Bestandteil, der achtzehnjährige Robert geworden. Daß verschiedene Lebensstadien einer fiktiven Figur von jeweils einem anderen Schauspieler dargestellt werden, ist normal. Die Schwierigkeit, in dem Darsteller Ulrich Hopmann den jungen Fähmel zu erkennen, beruht in der Verwirrung, daß sich die Brücken-Szene – als Material der Erinnerung – absondert vom sich erinnernden Subjekt und zur unmittelbaren Gegenwart wird. Mit Robert Fähmel passiert eine Verwandlung. Sein Leben, plötzlich um 20 Jahre zurückgedreht wie eine Uhr, ist ein anderes Leben und er ein anderer Mensch.

Schrella begibt sich mit Robert ins Halbdunkel des Treppenaufgangs, der zur Brücke hinaufführt. Die Worte von Schrella sind kaum zu verstehen, weil das Gemäuer seinen direkt aufgenommenen Dialekt als undeutlichen Schall verschluckt: Die Vergangenheit ist rohe Gegenwart. Das von Schrella Gesagte müssen wir aus Lautfetzen und daraus, daß er Robert seinen nackten Rücken zeigt, zusammensetzen:

»Vacano und Nettlinger machten Razzia auf ›Bettler‹. Verhöre mit der Stacheldrahtpeitsche. Sie nannten es ›Hilfspolizei‹.«

Wo die Verbindungswege zwischen Schauplätzen und Textstellen wegfallen, erscheinen sie fremd und neu: der Brückenaufgang als Verlies, das Sprechen von Schrella als Bestandteil von Sprechen und Verschweigen des Films.

Robert, billardspielend, bittet den Hotelboy Hugo, ihm einen Cognac zu holen. Die *Rahmenhandlung* ist wieder aufgenommen. Robert und Hugo werden aber nur drei Sätze miteinander wechseln.

Das Zwischenstück dieser Rahmenhandlung – wie Hugo an der Bar die gewünschte Bestellung aufgibt – bildet nochmals einen Rahmen, für folgende Szenen:

Die Zeremonie einer Sekte, für welche die Seligkeit der Welt im Schaf verborgen liegt, registriert von Journalisten und Bildreportern, in der Hotelhalle; –

die Priesterin der Sekte, Hugo an der Tür ihres Hotelzimmers verabschiedend, nachdem sie das Glas Milch, das er ihr auf einem Tablett gebracht, in den Ausguß geschüttet hat:

»Warum willst du nicht das Gotteslamm meiner neuen Religion sein, du dummer Junge?«

Jetzt nimmt der Junge den Cognac vom Keeper in Empfang, der ihm den Rat gibt, sich schnell zu verdrücken:

»Mindestens 17 alte und junge Weiber fahnden nach dir.«

Hugo hört sich betrübt und unbeteiligt das Gerede einer alten Frau an, die Patiencen legt.

Dann steht er am Fenster des Billardzimmers und schaut hinaus. Plötzlich dreht er sich um:

»Geht die Geschichte weiter?«

»Willst du sie hören?«

Überblendung auf eine Litfaßsäule an der Rheinpromenade. Straßengeräusche. Das Werbeplakat für ein ›Internationales Billardturnier‹. Der Aufruf ›Jugend dient dem Führer!‹ Dazwischen die Bekanntmachung, daß der Lehrling Ferdinand Progulske am 30. Mai 1934 morgens um 7.30 Uhr in der Strafanstalt Klingelpütz enthauptet wurde. Kommentar Robert:

»Er war in Vacanos Wohnung geschlichen, hatte ihm die Bombe vor die Füße geworfen«

und während der *junge* Robert, vor der Plakatsäule stehend, auf den Rhein blickend, ins Bild kommt (Abb. 34):

»Nur Brandwunden hatte Vacano an den Füßen.«

Überblendung. Ein Junge mit dem Aussehen des Hotelboys und vom selben Darsteller (Georg Zander) gespielt, der in einer Telefonzelle telefoniert:

»Kommst du wie verabredet ins Café Zons?«

Der scheinbare Sprung in die Gegenwart (Verwechslung mit Hugo) führt in eine noch vor Ferdinand Progulskes Tod liegende Vergangenheit.

Kommentar Robert: »Ich hatte es getan . . .«

– ein junges Mädchen und Robert stehen vor einem Fenster, reichen sich die Hand und sehen sich in die Augen –

». . . war mit Schrella in das kleine Café Zons in die Boisseré-Straße gegangen, wo die Lämmer sich trafen. Und ich hatte geschworen, einem jungen Mädchen, das Edith hieß, ins Gesicht hinein geschworen, niemals vom Sakrament des Büffels zu kosten . . .«

34

Verwirrung und Entwirrung des Zuschauers folgen aus der Art und Weise, wie sich an dieser Stelle erzählende mit dramatischen Teilen vermischen. Erst aus dem Satz »Ich hatte es getan« geht hervor, daß es Robert ist, der von dem Jungen in der Telefonzelle angerufen wurde. Und da Schrella anders als dieser Junge aussieht, bleibt die Vermutung, daß der Anrufer Ferdinand war.

10 Sekunden Schwarzfilm, während denen Robert von einer dunklen Rede spricht, die er im dunklen Hinterzimmer des Cafés hielt

»mit dunklen Worten drin, die nicht nach Lamm klangen: nach Blut, nach Aufruhr und Rache. Nettlinger erwartete mich draußen, und sie brachten mich in die Wilhelmskuhle.«

Von dem Gitter eines Fensters, an das Robert, den Rücken zur Kamera, mit beiden Händen gebunden ist, gleitet die Kamera herab auf eine Stacheldrahtpeitsche.

»Nettlinger schlug zu . . .«

– einer jener Panoramaschwenks (über den Hafen, das Boot aufnehmend, in dem der alte Trischler ans Ufer rudert, auf dessen Böschung Robert steht), in deren Bewegung ein Stück verbale Erzählung einmündet –

»... und er kam am Morgengrauen in meine Zelle und sagte: ›Hau ab! Renn los!
Aber ich kann dir nur eine Stunde Vorsprung geben. In einer Stunde muß ich's der
Polizei melden.‹ Ich lief um die ganze Stadt herum bis zum Hafen.«

Und wie die erzählte Vergangenheit eingeht in die Präsenz der Bewegung der
Kamera, so wird sie selbst – die Vergangenheit – wiederum zur Gegenwart. Der
Kommentar, als Vermittler der Zeitdifferenz zwischen damals und heute, weicht einem
weiteren Stück reiner Handlung.

Der alte Mann steigt aus dem Boot, Robert kommt von der Böschung herunter.

»Ihr mußtet also Bomben schmeißen, ihr mußtet euch verschwören, und gestern habe
ich schon von euch einen verpackt über die Grenze geschickt.«

Robert: »Gestern? Wen?«

Trischler: »Schrella. Der hat sich hier versteckt, und ich habe ihn zwingen müssen,
mit der *Anna Katharina* abzufahren.«

Robert fällt in Ohnmacht.

Er liegt auf dem Bauch im Bett, den Rücken verbunden. Frau Trischler beruhigt
ihn:

»Keine Sorge. Alois wird übermorgen kommen. Montag oder Dienstag bist du in
Rotterdam.«

Langsam fährt die Kamera auf ihn zu. Er lächelt, dann schließt er die Augen.

Die Augen von Edith – die mit Robert im Gras liegt – sehen ihn an:

»Sie werden dich töten.«

Vater und Sohn Trischler wickeln Robert in Sackleinen. Sie tragen ihn über eine
Planke aufs Schiff. An Bord nimmt ein Mann, der bisher zugesehen hat, dem
alten Trischler die Last ab. Der nimmt den ganzen Weg über die Planke wieder
zurück. So leert sich die Szene *langsam* von ihrem dramatischen Inhalt.

Wiederum das Hotel *Prinz Heinrich*.

Ein Herr, der sich als Nettlinger vorstellt (Heiner Braun), möchte mit Dr. Fähmel
sprechen. Der Mann am Empfangsschalter (Karl Bodenschatz) zieht eine Visitenkarte
Fähmels hervor, auf der handgeschrieben steht: »Erreichbar nur für meine Mutter,
meinen Vater, meine Tochter, meinen Sohn und für Herrn Schrella. Für niemanden
sonst.« Er schüttelt ablehnend den Kopf. Nettlinger versucht es mit einem 20-Mark-
Schein. Vergeblich. Jetzt möchte er den Geschäftsführer sprechen. Bei ihm angemeldet
werden. Dieses Gespräch ist ein Kampf zwischen den beiden Männern. Erstaunlich wie
der Darsteller Bodenschatz (Abb. 35) den Hörer mit der rechten Hand ans linke Ohr
hält, Nettlinger beim Geschäftsführer anmeldet, und, obwohl Nettlinger gar keinen
Titel nannte, hinzufügt:

»Entschuldigung, *Doktor* Nettlinger.«

Diese Szene klingt erst aus, nachdem sich Nettlinger schon entfernt hat: Der Portier
reicht einer alten Dame ihren Zimmerschlüssel:

35

»Bitteschön, gnädige Frau.«

Das Verweilen des Films in einer Szenerie, nachdem sie sich von der Handlung bereits *geleert* hat, gibt dieser Szenerie, auch den Nebenpersonen, ihre Besonderheit ganz zurück, eine Besonderheit, aus der heraus das Allgemeine, der Handlungszusammenhang, Farbigkeit, Geschmack und Leben bekommt.

Hugo, im Billardzimmer: »Haben Sie den Krieg mitgemacht?«

Robert: »Ja.«

»Was haben Sie getan?«

Robert legt das Queue beiseite, nimmt eine Zigarette und setzt sich auf die Kante des Billardtisches. Er war Spezialist für Sprengungen. Vom Fenster aus erläutert er dem Jungen den Begriff ›Schußfeld‹ und, zurückgehend zum Billardtisch:

»Ich hatte eine gute Mannschaft beisammen. Physiker und Architekten. Wir sprengten, was uns in den Weg kam. Das letzte war die Abtei Sankt Anton, die mein Vater erbaut hatte. Sie lag genau zwischen zwei Armeen: einer deutschen und einer amerikanischen. Ich besorgte der deutschen Armee ihr Schußfeld, das sie gar nicht brauchte.«

Während der Junge auf ein Klopfzeichen hinausgeht, bleiben die Tür, ein Samtvorhang und die Täfelung der Wand im Bild: drei Schattierungen eines Dekors aus mattglänzender Dunkelheit.

Wie auf dem Theater leert sich die Szene, wenn Robert Fähmel durch eine andere Tür verschwindet, nachdem der Junge die Bitte des Direktors übermittelt hat, »einen Herrn Dr. Nettlinger zu empfangen«.

»Würdest du einen empfangen, der Nettlinger heißt?«

»Nein.«

Mit dem Rücken zur Kamera steht Roberts Vater, Heinrich Fähmel (Heinrich Hargesheimer) am Fenster:

»Schulkamerad von Robert. Ministerialrat. Direktor. Dirigent.«

Dann, mit einer Wendung zu Roberts Sekretärin Leonore, die an ihrem Schreibtisch steht:

»Und Sie haben ihn ins *Prinz Heinrich* geschickt? Er liebt nicht, wenn man seine Kreise stört, mein Sohn Robert. Aber Kind! Er wird Ihnen doch deshalb nichts tun! Kommen Sie! Gehen wir essen, feiern wir ein wenig meinen Geburtstag.«

Das Büro ist kahl. Topfpflanze, Schreibmaschine, Telefon, im Hintergrund eine Karte an der Wand. Heinrich Fähmel hilft Leonore in ihr Jacket. Leonore stülpt, bevor sie den Raum verläßt, eine Hülle um die Schreibmaschine.

Den Weg der beiden zum Restaurant und das Essen läßt der Film aus. Auch die Spur von Robert, nachdem er das *Prinz Heinrich* verlassen hat, wird nicht aufgenommen.

Statt dessen kommen Nettlinger und Schrella (Ulrich von Thüna) aus dem Außentor des Gefängnisses *Klingelpütz*. Sie begeben sich zu Nettlingers Wagen. Schrella möchte zum Bahnhof gebracht werden (Abb. 36).

Im Gegensatz zu Robert, der zuerst als vierzigjähriger, dann als achtzehnjähriger im Film erscheint, kam Schrella zuerst in der Erinnerung Roberts, als Schüler (auf der Eisenbahnbrücke) vor, dargestellt von Ernst Kutzinski, bevor er die Gegenwartsszene betritt.

Auf die imaginäre Bewegung in eine vergangene Zeit – als Erinnerung und Erzählung Roberts, die der Junge vernimmt – folgen jetzt zwei Sequenzen, bei denen realer Bewegungsablauf und filmische Zeit (als Handlungs-Zeit) fast zusammenfallen. Statt des epischen Monologs von Robert – schnell gesprochen, wie um Schritt zu halten mit den unaufhaltsam produzierten Erinnerungsbildern – vernehmen wir eine Art Wechselrede in gehobener Sprache zwischen Nettlinger und Schrella.

Warum läßt sich die Autofahrt von Nettlinger und Schrella nicht reduzieren auf das Gespräch, das die beiden bei dieser Gelegenheit führen? Weil die Bewegung des Autos

36

selbst *vorkommt*, als das was draußen *vorbeizieht*, während die beiden Männer, aufgenommen vom Rücksitz aus, aufrecht und *unbewegt*, nebeneinandersitzen. Weil sich auch ihr Sprechen als eine *Bewegung* mitteilt. Text zitierend, legen sie hörbar ein Stück ihrer Rolle zurück wie das Auto sichtbar ein Stück Weg.

Schrella, wegen der Vacano-Affaire noch auf der Fahndungsliste, verdankt Nettlinger seine vorläufige Freilassung.

Nettlinger: »Bist du eigentlich noch deutscher Staatsbürger?«

Schrella: »Nein, ich bin Staatenloser.«

Nettlinger: »Schade. Wenn es dir gelingen könnte zu beweisen, daß du nicht aus kriminellen, sondern aus politischen Gründen fliehen mußtest, würdest du eine hübsche Entschädigung bekommen können.«

Schrella lehnt Nettlingers Geldangebot ab. Eine Einladung zum Essen akzeptiert er. Das Auto, sein Tempo beschleunigend, fährt noch ein Stück, wie auf das nächste Bild zu: / Schnitt: Der freie Ecktisch in einem Restaurant.

Das Tischgespräch ist, wie die Konversation während der Autofahrt, nicht zu trennen von seinen äußeren Umständen. Sowohl die Form dieses Gesprächs – die gehobene Sprache, die fast unbewegte Körperhaltung –, als auch das Verhalten beim Essen, sind

37

in einer Weise stilisiert, welche die Unversöhnlichkeit Schrellas thematisiert. Die *Zeremonie* des Essens, und damit auch ihre Zerstörung durch Schrella, ist hervorgehoben dadurch, daß vom Restaurant außer dem Platz, an dem die beiden Darsteller sitzen, nichts zu sehen ist. Eine Isolierung, die auch den Verrichtungen des Obers und, über sie vermittelt, dem off-Schauplatz Betonung verleiht. Die *Konvention* von Anzug, weißem Hemd und Schlips schließt die beiden Hauptpersonen durch ihre Gegensätzlichkeit hindurch wieder zusammen (Abb. 37). Schrella, asketisch-sensibel, bestellt Hühnchen und Bier. Nettlinger, dicklich und etwas schwermütig, entscheidet sich für Lendenschnitte mit Räucherlachs und Beaujolais.

Nettlinger: »Rücksichtsloser politischer Haß zwischen Schulkameraden. Verfolgung, Verhör, Haß bis aufs Blut. Aber 20 Jahre später ist es ausgerechnet der Verfolger, der schreckliche, der den heimkehrenden Flüchtling aus dem Gefängnis befreit.«

Schrella: »Es würde mir leid tun, wenn du glaubtest, daß ich die Echtheit deiner Gefühle und Motive bezweifle. Nicht einmal deine Reue ziehe ich in Zweifel. Aber die Rolle, die du damals gespielt hast und die du heute spielst, ist die gleiche.«

Nettlinger hatte den Namen von Schrellas Schwester, Edith, immer wieder von Vacanos Liste gestrichen. Diesen nennt er einen Unbelehrbaren, sich selbst Demokrat aus Überzeugung. Die Anerkennung Schrellas suchend, ist er etwas in Anspruch genommen durch den Lachs, der zuerst aufgetragen worden ist. Er möchte ihn sich schmecken lassen, im Essen Ablenkung und Schutz vor den Attacken Schrellas finden, aber immer wieder scheinen ihm die Bissen im Hals stecken zu bleiben.

Schrella: »Eure Wohltaten sind fast schrecklicher als eure Missetaten.«

Schrella setzt dem Versöhnungsritual, den Rechtfertigungsversuchen und Ablenkungsmanövern, dem guten Essen und den guten Manieren, die Zeremonie seiner Unversöhnlichkeit entgegen. Er ißt den Lachs, den Nettlinger wollte zurückgehen lassen, von seinem Teller. Schließlich steht er auf:

»Wäre es dir lieber, wenn ich dich umbrächte? Ich halte es nicht mehr aus.«

Sein Hühnchen läßt er sich einpacken, »so, daß kein Fett nach außen dringt«.

Auch diese Szene endet mit einem undramatischen Schlußakkord. Während Schrella seinen Mantel anzieht, überreicht ihm der Ober das eingepackte Hühnchen:

»Es wird kein Fett nach außen dringen, es ist alles in Zellophan verpackt.«

Heinrich Fähmel, der Vater von Robert, sitzt mit Leonore, der Sekretärin seines Sohnes, in einem Restaurant vor einer großen Fensterfläche, durch die man hinuntersieht

38

auf belebte Straßen (Abb. 38). Es ist schwer, das Zusammensitzen der beiden in den Handlungsablauf einzuordnen, weil die Glieder der Handlungskette nur Stützpunkte sind, von denen aus die Personen zurückschauen in die Vergangenheit.

Die große Gegenüberstellung von Nettlinger und Schrella hat vergessen lassen, daß sich Heinrich und Leonore entschlossen hatten, zum Essen zu gehen und Heinrichs Geburtstag »ein wenig zu feiern«. Aber auch die Szene, wo die beiden sich jetzt am Tisch gegenübersitzen, nachdem sie gegessen und Kaffee getrunken haben, verflüchtigt sich sofort, nach 9 Sekunden, wieder. Wir hören Heinrich noch sagen:

»Wieviel Frühstücke im Café Kroner? Zehntausend, zwanzigtausend? Ich hab's nie nachgerechnet . . .«

und sehen dann plötzlich einen jungen Mann mit Schnauzbart (Carlheinz Hargesheimer, der den jungen Heinrich spielt), das erste dieser Frühstücke bestellen.

Der Film ist 50 Jahre zurückgesprungen.

Ein obskures Frühstück, mit Paprikakäse und auf drei Jahre abonniert.

Dann eine ganze Reihe solcher gespielter oder kommentierter Szenen und kommentierter Spielszenen, die sich auf Ereignisse vor, während und nach dem Ersten Weltkrieg beziehen. Szenen, die sich keinem verbalen Erzählzusammenhang als dessen Illustration unterordnen, so wie der Kommentar von Heinrich in sich ohne Kontinuität bleibt. Er bezieht sich auf die Bilder und Szenen, die ihrerseits aus sich heraus kein Leben entwickeln. Vielmehr beruht auf dem Zusammenspiel von kommentierter und dargestellter Vergangenheit die autonome Bewegung des Films.

»Ich hatte Wohnraum und Atelier für ein halbes Jahr gemietet und vorausbezahlt.« Zwei Zeichenrollen und ein Päckchen mit der Aufschrift: *Preisausschreiben St. Anton. Plan von Heinrich Fähmel.* Außenaufnahme auf Dachgiebel und Rundbogenfenster. Dahinter steht Heinrich Fähmel und schaut hinaus. Er sieht auf die Uhr, schließt das Fenster und wendet sich in den Raum zurück.

Eine Tür mit der Aufschrift: *Dr. Kilb. Notar.* Sie wird von einem Lehrling geöffnet, der Heinrich hereinläßt und dabei – wie viele Nebenpersonen in dem Film – ganz leicht und scheinbar unmotiviert lächelt.

»Ich möchte dem Herrn Notar einen Entwurf übergeben. Preisausschreiben Sankt Anton.«

Der Abt vor dem Entwurf für die Abtei, der an der Wand von Heinrichs Atelier befestigt ist:

»Werden Sie durchhalten?«

Heinrich schaut zum Fenster hinaus. Dann, sich zum Abt umdrehend, nach einer Pause:

»Ja. Ich werde durchhalten, Ehrwürdiger Vater.«

Die beiden Individuen sind voneinander *abgetrennt,* es entsteht kein Szenenbild. Dadurch, daß der Abt links am Bildrand steht und über den Rand zu Heinrich spricht und dann Heinrich rechts am Bildrand nach rechts zum Abt. So wird die Wohnung von Heinrich als Gesamteindruck nicht abgebildet, keine Handlung in einem Dekor

repräsentiert, sondern die Personen sind mit einem Detail dieses Dekors *montiert.*
Daher die Schwierigkeit, die Schauplätze zu identifizieren. Die Zuschauer müssen sie
zuerst *finden.*

Auch die Geschichte von dem jungen Mann, der in die Stadt kommt, sich einlogiert,
eine Karriere anfängt, sich eine Frau sucht – eine Geschichte, die man schon oft gehört
hat –: man erkennt sie hier nicht wieder, bevor man sie kennen *lernt* durch die Situationen, die Fragmente dieser Geschichte sind.

Die Versuche, ein möglichst lückenloses Bild der Lebensverhältnisse einer fiktiven
Person wiederzugeben, verhindern eine *bewußte* Wahrnehmung von deren physiogno-
mischem Ausdruck, ihrer Haltung, die als *natürliches* Resultat der betreffenden Lebensumstände erscheinen. Die Lebensumstände selbst erscheinen natürlich, nicht von Personen geschaffen und diese Personen prägend.

Dagegen die Prägnanz der Personen in *Nicht versöhnt,* wo die Bestimmung der
Verhältnisse, die sie miteinander eingegangen sind und eingehen, im Prozeß des Ver-
stehens der Zuschauer sich nach und nach einstellt. Am Anfang stehen die Personen
da in ihrer Äußerlichkeit. Dieses Äußere – so der fast bedrückende Ernst des jungen
Heinrich – ist fremd und neu. Es fällt auf.

Ebenso fallen die gesellschaftlichen Zusammenhänge auf, indem sie der Film zusam-
men-hängt, aus Details, die ihrerseits zunächst nur äußerlich wahrgenommen, in ihrer
Funktion aber noch nicht verstanden werden. So ist jeder Bestandteil zuerst neu, bevor
man mit ihm bekannt, zuerst fremd, bevor man mit ihm vertraut wird. Es passiert nur
insofern etwas, als etwas mit dem Zuschauer passiert.

Um diese Prägnanz des Ausdrucks zu geben, muß viel von der Handlung *genommen*
werden. Dieses Fehlende wird *literarisiert* – vom alten Heinrich Fähmel referiert oder,
wie in der folgenden Szene, von einer Nebenperson innerhalb der Handlung. Ein
Pförtner gibt zwei Journalisten, die sich für den Sensationssieger des *Preisausschrei-*
bens Sankt Anton interessieren und aussehen wie Sherlock Holmes und sein Freund
Watson, folgende Auskunft:

»Er, meine Herren? Nichts als Arbeit. Morgens um acht in die Stille Messe zu Sankt
Severin. Frühstück im Café Kroner bis halb elf. Von halb elf bis fünf bleibt er unsicht-
bar oben in seinem Atelier, für niemanden zu sprechen. Lebt da oben von Erbsensuppe,
die er sich selber kocht. Kriegt von seiner alten Mutter die Erbsen geschickt und den
Speck, sogar die Zwiebeln. Von fünf bis sechs Spaziergang durch die Stadt. Von halb
sieben bis acht Klub der Reserveoffiziere.«

Der Ober im Café Kroner: »Und er zeichnet auch während des Frühstücks wie ein
Besessener.«

Wie bei vielen Einstellungen, in denen gesprochen und erzählt wird, entzündet sich
durch die Intensität sowohl der Komposition der Einstellung als auch des literarischen
Textes ein Kampf zwischen dem *realen* Bild und dem rezitierten Text. Die Front dieses
Kampfes verläuft durch die sprechende Person selbst, die einerseits *Informationsträger,*
andererseits Material ist, durch das sich der Text artikuliert.

39

»Ich kannte meine Frau noch nicht.«

Wieder die Außenansicht auf Fähmels Atelierfenster, das von ihm geöffnet wird. Blick von oben auf die Fassade des Hauses von Kilb, dem Notar. Aus einem großen, breiten Fenster schaut Johanna Kilb (Danièle Huillet), die Tochter des Notars, zu dem jungen Mann herauf (Abb. 39). Dann schließt sie das Fenster.

Kein ›Haus gegenüber‹, keine ›Nachbarschaft‹, nur die Blicke, die sich treffen und die Fenster, die sich öffnen und schließen, wie Augen.

Das Empfangszimmer im Hause Kilb. Heinrich, mit dem Rücken zur Kamera und Blick auf die Tür. Durch sie betritt der Notar das Zimmer, und nach den Worten von Heinrich

»Ich bitte Sie um die Hand Ihrer Tochter«

geht er wieder hinaus, die Tür halb hinter sich schließend. Bis Johanna hereinkommt, die Tür schließt und Heinrich ansieht.

Eine einzige Einstellung, gefilmt aus der Sicht von Heinrich. Ohne Höhepunkt, denn für ihn war jeder Moment dieser Szene gleich bedeutsam. Weshalb es später, wenn Heinrich in dieser Wohnung lebt, auch schwer ist, sie wiederzuerkennen. Damals war er ganz auf die Tür fixiert. Eine Geige, die neben dieser Tür aufgehängt bleibt, ist einziger Anhaltspunkt.

»Schwer traf mich das Unvorhergesehene.«

Vor einer Rückprojektion (Dokumentarfilm) von zerstörten Säulen, Statuen, von Trümmerhaufen und quer darüber einem großen Holzkreuz: ein Mönch und Heinrich Fähmel, jetzt nicht mehr der junge, sondern schon mit dem Aussehen des alten.

Die Worte des Mönchs:

»Wir werden den Schuldigen finden.«

Das Ende des Zweiten Weltkriegs, als die Abtei Sankt Anton zerstört wurde. Der Schuldige, von dem der Mönch spricht, ist Heinrichs Sohn Robert.

Die Rückprojektion war aus einer Wochenschau von 1944 über Monte Cassino, ohne Ton, mit tastenden Bewegungen einer Kamera, die wie eine Hand über die Steine streicht, das Zerstörungswerk zeigend. Das Zitat einer ganz anderen Filmform in einem Film, der Realität *künstlich aufbaut*.

Vom Ende des Zweiten zum Beginn des Ersten Weltkriegs:

Mobilmachung an einer Wand. Die gedruckte *Ansprache des Kaisers*. Auf die Worte des Mönchs folgend und diese *Ansprache* begleitend, dunkle Klavierklänge aus der Bartók-Sonate. Dann wieder Schweigen.

Wochenschau-Aufnahmen von 1914: Soldaten, die Uniformen und Pakete ausgehändigt bekommen; ihre Säbel begutachten; sich mit Rucksack und Gewehr in Reih' und Glied aufstellen; in Eisenbahnabteile steigen, winken.

Heinrich, in Uniform, rauchend, schaut nachdenklich aus dem Fenster des Kilb'schen Salons, so als wären die stummen Bilder und die Musik an *ihm* vorbeigezogen, als hätte er jetzt schon die Worte des Mönches gehört, die er dreißig Jahre später vernehmen wird.

Zaghaft kommen Geräusche und Sprache in den Film zurück.

Der kleine Sohn Heinrich steht auf dem Sofa und attackiert mit einem schweren Säbel eine Statue, die zwischen Bücherregalen steht. Der Vater geht schweigend aus dem Zimmer. Der Junge, der das nicht begreift, hinterher.

»Ich ließ meinen Sohn Heinrich mit der Ulanentschapka spielen, die seine Onkel ihm geschenkt hatten. Und ich nahm hin, was der Standortkommandant mir sagte.«

Auf die kommentierende Rede Heinrichs die direkte des Standortkommandanten, der mit Heinrich (in der Uniform eines Hauptmanns) Seite an Seite eine Treppe (im Hause der Kommandantur) hinuntergeht:

»Es tut mir ja so leid, Fähmel, daß wir Sie noch nicht missen können, daß Sie noch nicht dabeisein können. Aber auch die Heimat braucht Leute, braucht gerade Leute wie Sie.«

Abends. Neben einer Leselampe, in der Sofaecke, sitzt Johanna. Auf ihrem Schoß hält sie ein Buch. Aufblickend, schließt sie das Buch und legt es weg. Sie folgt mit den Augen ihrem Mann, der, in Uniform, auf sie zukommt.

»Kasernenbau. Festungsbau. Lazarette.«

Er liegt mit dem Rücken auf dem Sofa, den Kopf in ihrem Schoß. Ihre rechte Hand auf seiner Brust, schaut sie auf ihn herunter. In einem schwer verständlichen Dialekt sagt sie:

»Der kaiserliche Narr.«

Die Szenen sind so kurz wie in einem Traum, aus dem man immer wieder aufwacht. Und weil das Erleben traumhaft und stark ist, bleibt die Umgebung selbst eingeschlossen in dieses Erleben: die erleuchtete Leselampe mit der aufgedruckten Stadtansicht; das Licht, das weich auf die Bücherregale fällt; die Dunkelheit, die den kleinen erleuchteten Raum umschließt.

Aber diese Umgebung ist schwer einzuordnen. Kaum ist darin ein Teil des Kilb'schen Salons zu erkennen, in dem Heinrich auf das Erscheinen des Notars und dann seiner Tochter wartete; durch dessen Fenster er noch kurz vor dieser letzten Szene blickte, bevor er, vorbei an seinem spielenden Sohn, schweigend das Zimmer verließ.

Die Schauplätze in *Nicht versöhnt* werden, durch die Stadien des Erlebens der Personen hindurch, vom Zuschauer produziert.

Bankettsaal der Standortkommandantur. Musik aus der *Polonaise der Suite Nr. 2 in H-moll* von Bach. Vor einer Wand, um einen runden Tisch herum, sitzen Johanna (im Abendkleid), Heinrich und zwei junge Offiziere (in Uniform). Sie blicken alle halb in Richtung der Kamera, vermutlich auf die Musiker. Einer der Offiziere, mit Kinnbart, lächelnd – fast ist es ein Grinsen –, auch als Johanna, die etwas im Hintergrund sitzt, in einem plötzlichen Schwächeanfall stammelt »der Kaiser isch e Narr, der Kaiser isch e Narr, der Kaiser isch e Narr . . .«. Die Offiziere drehen sich zu ihr um. Die Kamera fährt auf sie zu. Heinrich stützt ihren Arm und führt sie hinaus. Noch einen Augenblick bleiben ihr verlassener Lehnstuhl und die weiße Wand im Bild.

»Ehrengericht. Und ich sagte nicht, was ich hätte sagen müssen: daß ich meiner Frau zustimmte. ›Schwanger, meine Herren. Zwei Monate vor der Entbindung. Eine kleine Tochter verloren. Zwei Brüder am gleichen Tag gefallen, Rittmeister Kilb, Fähnrich Kilb.«

Ein Vorgriff des Kommentars auf die weiteren Folgen, die der Zwischenfall ausgelöst hat.

Aber während diese Worte gesprochen werden, kehren Johanna und Heinrich, nebeneinandersitzend in einer Kutsche, erst von dem Konzertabend in der Kommandantur nach Hause zurück. Beide schauen geradeaus vor sich hin. Heinrich hat die Hände auf seinen Säbel gestützt. Nach den Worten »Schwanger, meine Herren . . .« ist nur noch Johanna im Bild (Abb. 40). Das Klappern der Pferdehufe, einsetzend nach dem Abbrechen der Konzertsuite, geht noch eine zweite Montage ein: mit dem Bild von der Rückenwand der Droschke, den beiden Menschen davor und einem leichten Zittern des Bildes.

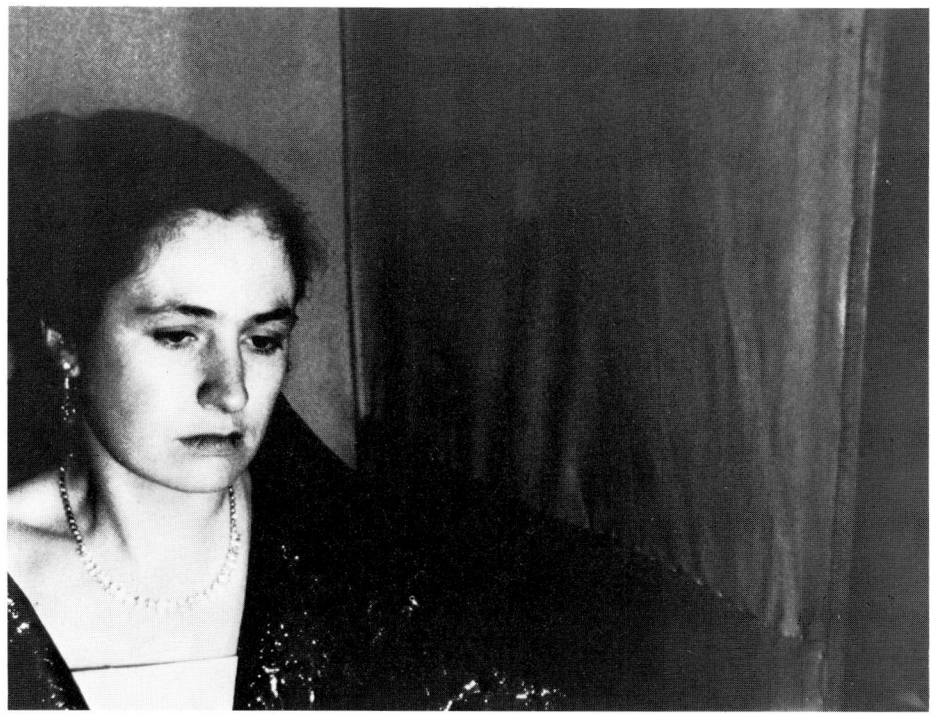

40

»Und ich brachte nicht den Mut auf, das Gedicht zu zerreißen, das Heinrich für die Schule auswendig lernen sollte.«

Auch dieser Satz ist ein Vorgriff. Erst in der nächsten Einstellung ist diese Situation abgebildet:

Auf dem teppichbelegten Fußboden liegt der kleine Heinrich auf dem Bauch, und lernt, zitiert von einem Blatt

»... sprach Petrus, der Pförtner am Himmelstor:

›Ich trage die Sache höheren Orts vor‹.

Und siehe, nicht lange, da kam er zurück:

›Exzellenz Blücher, Sie haben Glück.

Urlaub auf unbestimmte Zeit.‹

Sprachs, und öffnete das Himmelstor weit ...«.

Der Vater sitzt auf dem Sofa, legt die Zeitung beiseite, steht auf und geht aus dem Bild. Er kommt auf ein Fenster zu, die Hände auf dem Rücken, und seine Augen ruhen auf der Gardine.

»Solange noch deutsche Wälder stehn,
(der Junge sagt: ›*Wähler* stehn‹)
Solange noch deutsche Wimpel wehn,
solange noch . . .«

Dann entreißt die Mutter dem Kind das Papier, zerknüllt es, und während der Junge ihr aus dem Bilde folgt, bleibt die Kamera auf den leeren Teppich gerichtet.

»Ich hätte tun müssen, was Johanna dann tat. Ich hätte mit dem Jungen sprechen müssen. Im Fieber suchte er sich seine Zeilen zusammen. ›Der alte Gott wird mit euch sein.‹ Johanna versuchte ihn aus dem Fiebertraum zu reißen, wachzurütteln. Aber er kam nicht mehr zurück. ›Vorwärts mit Hurra und Hindenburg‹ – nur noch diese eine, einzige Zeile lebte in ihm. Robert war noch nicht zwei und Otto noch nicht geboren.«

Mit diesen Worten schließt sich die zweite große Rückblende des Films. Während er sie spricht, ist Heinrich wieder mit Leonore im Restaurant, an dem Tisch vor dem großen Fenster, zu sehen. Draußen, unter ihnen, der Straßenverkehr, die bewegte Oberfläche der Zeit, an die der Erzähler wieder aufgetaucht ist.

Robert, der zuletzt das *Prinz Heinrich* verließ, die Geschichte, die er Hugo erzählte, abbrach, um Nettlinger zu entgehen, sitzt jetzt im modernen Appartement seiner Mutter, in der *Heilanstalt Denklingen.*

Die junge Johanna hat sich uns dargestellt als eine sensible, hellsichtige Frau. Aus ihrem Mund hörten wir nur den einen Satz, gemurmelt, unverständlich: »Der Kaiser isch e Narr«. Jetzt redet sie unaufhörlich auf ihren Sohn Robert ein.

Die Darstellerin der alten Johanna Fähmel ist Martha Ständner. Die Szene, fast ein einziger Monolog der Mutter, dauert über fünf Minuten. Sie ist in zehn Einstellungen gedreht.

Robert sitzt auf der Couch vor einem kleinen Tisch. Er rührt seinen Tee um und trinkt, langsam, ohne aufzublicken. Hinter ihm an der Wand, eingerahmt, unter Glas *Der Fisch* von Paul Klee. (1)

Im Spiegel des Toilettentisches sehen wir Johanna sich entfernen. (2)

Johanna kniet vor Robert, der auf der Couch sitzt, seinen linken Arm auf der Rückenlehne der Couch, seine rechte Hand in ihrer Rechten. Während er aufsteht und zur Tür hinausgeht, verbleibt Johanna in ihrer Stellung und blickt ihm nach. (3)

Robert lehnt am Geländer des Treppenhauses, rauchend. Den Zigarettenstummel wirft er den Treppenschacht hinunter und kehrt wieder in die Wohnung zurück. (4)

Johanna öffnet Robert die Tür, läßt ihn herein. Er begibt sich wieder zur Couch und setzt sich. (5)

Johanna ist bei der Tür stehengeblieben: sie streckt die rechte Hand aus, als ob sie mit einer Pistole auf jemand zielte. (6)

Robert sieht Johanna (außerhalb des Bildes) an, dann schaut er wieder vor sich hin. Johannas Hand, die ihm Tee eingießt. (7)

41

Eine leere Tasse. Johanna, stehend, schenkt sich Tee ein, stellt die Kanne hin und nimmt sich Zucker. Sie hält die Tasse mit dem Unterteller in der Hand, rührt den Tee um und trinkt. Ihr Kopf, aus leichter Untersicht, ist vor einem weißen Hintergrund. Dann stellt sie die Tasse wieder auf den Tisch. (8)

Das große Fenster. Johanna kommt ins Bild und schaut aus dem Fenster hinaus. Sie ist von der Seite zu sehen. (9)

Robert und der leere Stuhl seiner Mutter. Sie kommt ins Bild und setzt sich ihrem Sohn gegenüber auf den Stuhl (Abb. 41). Sie trinkt Tee, und als Robert plötzlich aufsteht, um zu gehen, erhebt sie sich auch, und die Kamera folgt ihr zur Tür: Robert legt die Hand auf die Klinke, dreht sich zu seiner Mutter um, die ihn küßt. (10)

Die Sequenz erinnert zunächst an das Gespräch im Restaurant zwischen Nettlinger und Schrella. Es dauert länger als drei Minuten. Obwohl in noch nicht vier Minuten die Bestellungen aufgegeben, Vorspeise, Getränke und Hauptgerichte serviert werden, hatte man – wie hier – das Gefühl von realer Zeit: Beide Male keine Rückblenden und Einblendungen von anderen Schauplätzen. Dort die Zeremonie des Essens, hier die des Teetrinkens. Aber die Szene hier ist bewegter, zwangloser, während im Restaurant, in den starren Rüstungen der Konvention erbittert gekämpft wurde, sind die Wechsel der Einstellungen hier wie ruhige Wellenschläge über einem tiefen Grund von Erinnerungen.

Die Sequenz mit Johanna und Robert ist in Wahrheit die dritte große *Rückblende*, assoziativ und an Kompliziertheit die beiden vorausgegangenen noch übertreffend. Aber sie erfolgt ohne Bilder. Ihr Material sind nur Worte. Die Worte einer Frau, die gleichzeitig in Gegenwart und Vergangenheit lebt. Weil sie Vergangenheit erlebt als Gegenwart, erreicht die Verwirrung, die der Film auslöst, in dieser Sequenz ihren Höhepunkt.

In ihrer Einleitung kehrt sich das Prinzip der voraufgegangenen Rückblenden um:

Rückblende Robert: »Dreimal hatte ich gesehen, wie sie ihm den Ball mit aller Kraft ins Gesicht, gegen die Beine warfen . . .« (Erzählung in der Vergangenheitsform). Dazu die Bilder und Geräusche vom Schlagballspiel 1934.

Rückblende Heinrich: »Wieviele Frühstücke im Café Kroner?« (Heinrich blickt von heute auf die lange Reihe seiner Frühstücke im Café Kroner zurück.) Im Bild und Ton: wie Heinrich die Bestellung für das erste Frühstück aufgibt.

Rückblende Johanna: »Du mußt mir verzeihen, Robert. Ich konnte es nicht mehr ertragen. Ich mußte zu Dröscher gehen, um für dich Amnestie zu erwirken. Wir hielten es nicht mehr aus. Vater, ich, Edith. Dein Sohn war schon geboren. Wir fanden deine winzigen Zettel im Briefkasten: ›Macht Euch keine Sorgen, ich studiere fleißig in Amsterdam. Ich brauche Geld. Gebt's in Zeitungspapier gewickelt einem Mann, der Groll heißt, Kellner im *Anker* am Oberen Hafen.‹ Otto war auf einmal nicht mehr Otto. Er brachte auf einmal Nettlinger und den Turnlehrer mit ins Haus . . .

Du kennst die Bedingungen, die Dröscher für dich ausgehandelt hat: ›Keine politische Betätigung und nach dem Examen sofort zum Militär.‹ Klähm, der Statiker, will dich prüfen und dir soviel Semester erlassen, wie er eben kann. Warum willst du unbedingt Statik studieren? Gut, wie du willst. Ist er nicht süß, dein kleiner Junge? Du mußt ihn sofort nach der Hochzeit adoptieren. Ich werde euch eine Wohnung einrichten. Du sollst versuchen, dich mit Otto zu versöhnen. Bitte, versuche doch. Bitte, geh'.« (Einstellungen 1–3)

Umgekehrt wie bei den Rückblenden Roberts und Heinrichs ist hier *im Bild* das Heute festgehalten, während die Rede Johannes *zurückversetzt* ist in die Zeit unmittelbar nach der Rückkehr von Robert aus dem holländischen Exil. Deshalb der Wechsel, nach dem ersten hier zitierten Abschnitt, von der Vergangenheitsform ins Präsens. Für Johanna ist die Vergangenheit unmittelbare Gegenwart.

Irritierend sind auch die Namen der Familienmitglieder, die Johanna erwähnt. Dem Zuschauer sind sie nicht geläufig. Edith, die Frau von Robert, kam nur zweimal kurz im Bild vor: am Fenster im Café Zons mit Robert; in der Einblendung ›Sie werden dich töten‹ mit Robert. Edith ist die Schwester von Schrella. Otto ist Roberts jüngerer Bruder. Vater Heinrich hat ihn am Schluß seiner Rede erwähnt.

Otto ist in Wirklichkeit tot. »Gefallen bei Kiew! Einer Mutter und eines Vaters Söhne, in einem Haus geboren und aufgewachsen, denselben Schulweg gehabt. Und plötzlich nicht einmal mehr fremd. Hinter Ottos breiter, blasser Stirn war die Macht in ihrer einfachsten Formel wirksam, war Macht über furchtsame Schulkameraden, über Passanten, die die Fahne nicht grüßten. Der hätte seine Mutter dem Henker ausgeliefert«, kommentiert die Stimme Roberts, während er stumm und rauchend im Treppenhaus über das Geländer gebeugt steht, seiner Mutter den Gefallen erweisend, so zu tun als versuchte er, sich mit Otto zu versöhnen.

An dieser Stelle ist die kommentierende Rede nicht vermittelt über eine zuhörende Person wie bei Robert/Hugo, Heinrich/Leonore, sondern eine direkte Information für den Zuschauer.

»Andere Stellen wiederum müssen schnell und beiläufig gebracht werden wie gewisse rituelle, oft geübte Handlungen. Das sind die Stellen, die jenen Passagen einer Rede entsprechen, durch die gewisse Informationen gegeben werden, die für das Verständnis des folgenden Hauptsächlichen nötig sind. Diese Stellen, die ganz dem Gesamtprozeß dienen, sind als Verrichtungen zu bringen.«[2]

Daß der Kommentar an dieser Stelle schnell und beiläufig gesprochen wird, scheint der Absicht, den Zuschauer zu informieren, zu widersprechen: seine Aufnahmefähigkeit ist überfordert. Indessen wäre dieser Szene durch mehr Betonung ihre Selbstverständlichkeit genommen, die Vorstellung, daß sie von Robert und seiner Mutter schon oft gespielt wurde. Eine Vorstellung, die sich zu bestätigen scheint, wenn Johanna, als ihr Sohn wieder im Zimmer ist, ihre Frage selbst beantwortet:

»Nun, hast du mit Otto gesprochen? Ohne Erfolg. Ich habe es gewußt. Aber man muß es immer wieder versuchen. Immer wieder.«

In Einstellung 6 sagt Johanna: »Vielleicht gibt es nur einen Weg, ihn zu befreien.«

Der Tonfall ist monoton, auch im Vergleich zur zitierenden Sprechweise der anderen Schauspieler. Eine Monotonie, welche die historischen Ereignisse einzig aus der persönlichen Betroffenheit Johannas wieder aufleben läßt.

Robert ist anwesend, damit sich diese Betroffenheit seiner Mutter an ihm kristallisieren kann. Kein Versuch, eine Kommunikation zwischen sich und ihrem Sohn herzustellen. Die Worte der Mutter haben vielmehr das Ziel, das Heute von ihr fernzuhalten. Sie ist wie eine Gelähmte, die, angestoßen von ihren eigenen Worten, im Rollstuhl durch die Vergangenheit fährt. Aber diese Lähmung, die es ihr verbietet, sich in der Gegenwart frei zu bewegen, verhindert auch, daß die Flamme ihres Hasses erlischt. Sie will Vacano töten:

»Nicht Pulver mit Pappe, sondern Pulver mit Blei muß man nehmen; Knallbonbons töten nicht, Junge. Ihr hättet mich fragen sollen: jetzt ist er Polizeipräsident geworden. (Einstellung 7)

Glaub' nicht, daß ich verrückt bin, ich weiß genau wo wir sind: es ist Krieg, Zeit an Beförderungen ablesbar. Leutnant warst du als du weggingst; zwei Jahre Oberleutnant. Bist du noch nicht Hauptmann? Diesmal werden sie es unter vier Jahren nicht tun, vielleicht dauert es sechs, dann wirst du Major . . .« (Einstellung 8)

Johanna *liest* die Bewegung der Zeit so, wie man im Bahnhof aus dem Wagenfenster auf den Zug schaut, der auf dem Nebengleis abfährt. Man glaubt, daß man sich selbst fortbewegt, bis der letzte Wagen des anderen Zuges verschwunden ist und man bemerkt, daß der eigene Zug noch steht. So steht die Zeit still im Appartement Johannas, während unaufhaltsam die Vergangenheit an ihr vorbeirollt. Eingeschlossen in diese Vergangenheit, werden ihre Gedanken und die Sprache erfaßt von Bildern des Geworden-Seins dieser Vergangenheit:

»Ich beobachtete, wie die Zeit vorbeimarschierte. Das brodelte, schlug sich, zahlte eine Billion für ein Bonbon, und hatte dann keine drei Pfennige für ein Brötchen. Ich wollte den Namen des Retters nicht hören. Aber sie klebten ihn als Marke auf ihre Briefe und beteten die Litanei ab: anständig, anständig, Ernst, Ehre-Treue, geschlagen und doch ungeschlagen, Ordnung. Dumm wie Erde, taub wie ein Baum.« (Einstellung 9)

Straub: »Mich hat es gereizt, das Thema Nazismus einmal so zu traktieren, ohne daß das Wort Nazismus fällt.«

Johanna: »Und er, mein kleiner David, schlief; er wachte erst auf, als er sah, wie es das Leben kosten kann, ein Päckchen Geld, in Zeitungspapier gewickelt, von einer Hand in die andere zu legen . . .

Ich warnte ihn vor Gretz, aber er sagte: ›Der ist harmlos‹. ›Natürlich‹, sagte ich, ›du wirst noch seh'n was die Harmlosen fertigbringen. Der Gretz ist imstande, seine eigene Mutter zu verraten.‹ Er hat es getan, Robert . . .«

»Sie kamen auch, um Edith zu holen, aber ich gab sie nicht raus; ich behielt Edith, bis der flatternde Vogel sie tötete. Verzeih' mir, ich konnte das Lamm nicht retten.«

Hier, wo seine Mutter in der Vergangenheitsform vom Tod Ediths spricht, die am Anfang des Monologs für sie noch lebendig war, hält Robert das Ende seiner Besuchszeit für gekommen. (Einstellung 10)

Der »flatternde Vogel« ist vielleicht ein Bombensplitter. David ist Heinrich, denn in der nächsten Einstellung begrüßt ihn Johanna mit den Worten:

»Tritt ein, bring' Glück herein, alter David!«

Das Kommen und Gehen, als Besuch, den man einem Kranken abstattet, ist festgehalten im Bilde der Tür: Robert geht durch die Wohnzimmertür zur Haustür. Sein Vater, der draußen stand, kommt herein und hängt seinen Hut im Flur auf. Robert,

42

nachdem er seinen Vater schweigend angeblickt und mit einer Hand seine Schulter berührt hat, geht hinaus, die Tür hinter sich schließend.

Gleichzeitig ist der Moment festgehalten, in dem sich zwei Schauspieler, der eine vor, der andere nach seinem Auftritt, ›hinter der Kulisse‹ begegnen (Abb. 42).

Heinrich liegt, wie damals im Kilb'schen Salon, ausgestreckt auf dem Sofa, den Kopf auf dem Schoß seiner Frau. Und so wie im Film auf die Erinnerungsbilder von Robert der große Rückblick seines Vaters folgte, so wenden sich auch jetzt die Gedanken Johannas noch einmal zurück in die Zeit »als wir draußen in Blessenfeld wohnten«.

»Du hattest mich aus diesem schrecklichen Haus erlöst; sie wuchsen schon heran, die, denen ich vorgeworfen werden sollte: Mützenträger, Biertrinker, Gesetzeshüter. Ich sah ihre Hände, ihre Augen, und ich betete um den, der mich erretten würde, ich betete und sah dich im Atelierfenster drüben; wenn du wüßtest, wie ich dich liebte, wenn du es ahnen könntest.«

Bis hierhin war der Film auf Situationen aufgebaut, in denen sich zwei Personen gegenüberstehen:

Robert/Hotelboy Hugo (mit Rückblenden) im *Prinz Heinrich:*
Schrella/Nettlinger im Auto, dann im Restaurant;
Heinrich/Leonore (mit Rückblende) im Restaurant;
Johanna/Robert (die Zeit ist im Monolog Johannas zurückversetzt);
Johanna/Heinrich.

Es folgen noch zwei solcher statischer Sequenzen, in denen das Sprechen ein Nachklang ist von Erschütterungen, die aus der Vergangenheit an die Oberfläche des Filmes dringen, bevor sich eine Bewegung dieser Oberfläche selbst, als Handlung des Films und Handeln einer Person, abzeichnen wird. Diese beiden Sequenzen sind im Freien gedreht:
Gespräch Robert/Heinrich vor dem Bahnhof Denklingen;
Gespräch Joseph (Sohn von Robert) / Marianne (seine Freundin) auf dem Weg entlang dem Schienenstrang zum Bahnhof Kisslingen.

Robert sitzt in der Sonne an einem Tisch vor dem Bahnhof Denklingen, direkt am Bahnsteig. Er hat ein Glas Bier vor sich stehen und spielt zerstreut mit dem Bierdeckel. Es bleibt noch etwas Zeit, bis der Zug kommt, so bestellt sich auch Heinrich ein Bier. Vater und Sohn blicken sich an.

Von der Sequenz in der Heilanstalt ist diese Szene wiederum deutlich abgetrennt. Mit keinem Wort erwähnen die beiden ihren Besuch bei Johanna. Dem Zuschauer ist weder bekannt, daß es sich bei dem Schauplatz um die Bahnstation Denklingen handelt, noch, daß sich ebenfalls in Denklingen die Heilanstalt befindet und daß der Sohn mit seinem Vater besprochen hatte, ihn am Bahnhof zu erwarten.

Die Schauplätze der Gegenwart ragen wie Berge aus einem Meer von Vergangenheit. Die Verbindungswege, auf denen Handlung transportiert wird, sind unterbrochen, überschwemmt von Erinnerungen.

Aber gegen den Strom der übermächtigen Vergangenheit arbeitet der Film an der Konstruktion eines Erzählzusammenhangs. Beide Tendenzen sind in der folgenden Szene mit Heinrich und Robert Fähmel enthalten.

Robert: »Ich würde dir gern zum Geburtstag etwas schenken, Vater. Dir beweisen, nun, vielleicht weißt du, was ich dir beweisen möchte?«
Heinrich: »Ich weiß es. Du brauchst es nicht auszusprechen. Hast du Ruth gesagt, daß wir nach Sankt Anton wollten?«
Robert: »Ja. Sie kommt. Ist der Abt noch da?«
Heinrich: »Welcher?«
Robert: »Gregor.«
Heinrich: »Nein. Er hat es nicht verwinden können, daß die Abtei zerstört wurde.«
Robert: »Und du? Hast du es verwinden können?«

Heinrich: »Schließlich kann man Gebäude wieder aufbauen; und für deinen Jungen war es eine großartige Gelegenheit, sich praktisch zu üben, Koordinierung zu lernen. Du weißt doch, daß er ein Mädchen hat?«
Robert: »Nein.«

Bis dahin ist das Gespräch konventionell, entsprechend der Situation, daß sich Vater und Sohn, Erbauer und Zerstörer der Abtei Sankt Anton, auf dem Weg zu dieser Abtei befinden, die der Enkel, Joseph, wieder aufgebaut hat.

An diese Konversation schließt sich ein Text an, gesprochen von Heinrich Fähmel, der konkret formuliert, was die Lebensweisheit, daß man Gebäude wieder aufbauen kann, für ihn bedeutet. In dem Maße wie diese Erfahrung sich im Sprechen Ausdruck verschafft und dieses Sprechen die Beziehung zu Robert gestaltet, treten der Anlaß ihres Zusammentreffens und dessen äußere Umstände in den Hintergrund.

So haben die *literarischen* Textstellen die Autonomie von Musiknummern in einem Theaterstück. Es sind Stellen, an denen die sprechenden Personen *außer sich* geraten, in eine andere Zeit und an einen anderen Ort. Und so wie die Personen diese Texte zitieren, so *zitiert* der Film zwischen diesen Texten *Handlung*. Auf dem Weg, den die Handlung nimmt, sind die Texte große Löcher, und umgekehrt sind die Handlungsteile wie Felsbrocken, an denen sich der Strom von Erinnerungen bricht.

Heinrich: »Ich lachte über eure kindlichen Konspirationen. Aber das Lachen blieb mir im Halse stecken, als ich las, daß sie den Jungen getötet hatten. Und später wußte ich, daß es fast noch human gewesen war. Ich hatte geglaubt, deine Mutter zu lieben und zu verstehen. Aber jetzt erst verstand ich sie und liebte sie, verstand auch euch und liebte euch. Später erst begriff ich es ganz, als sich eines Tages der englische Kommandant sozusagen bei mir entschuldigte, daß sie die Honorariuskirche bombardiert und die Kreuzigungsgruppen aus dem 12. Jahrhundert zerstört hatten.

Wo ich doch sämtliche Kreuzigungsgruppen aus sämtlichen Jahrhunderten darum gegeben hätte, Ediths Lächeln noch einmal zu sehen, ihre Hand auf meinem Arm zu spüren. Was bedeuteten mir die Bilder des Königs gegen das wirkliche Lächeln seiner Botin? Und für den Jungen, der deine Zettelchen brachte, ich habe ihn nie zu Gesicht bekommen, nie seinen Namen erfahren, hätte ich Sankt Severin hergegeben und gewußt, daß es ein lächerlicher Preis gewesen wäre.«
Robert: »Wir können schon auf den Bahnsteig, Vater.«

Während des ersten Abschnitts dieser Rede von Heinrich ist er selbst, während des zweiten Robert, niederblickend, leicht von oben zu sehen.

Bevor die Sequenz abschließt wird Heinrich Fähmel vom Subjekt zum Objekt der Erinnerung. Mull, der Wirt des Bahnhofslokals (Wendelin Sachtler), begrüßt ihn und spricht von der Zeit, als der ›Herr Rat‹ die Abtei gebaut, ganze Wagenladungen voll Bier für die Maurer bestellt und beim Richtfest ein Solo getanzt hat.

Auf dem Bahnsteig sprechen Vater und Sohn über Mull. Der Vater sagt:

»Das sind prächtige Leute.«

Der Sohn ist skeptisch:

»Ich frage mich bei jedem Menschen, ob ich ihm ausgeliefert sein möchte, und es gibt nicht viele, bei denen ich sagen würde: ja.«

Indessen bringt das Geräusch des einfahrenden Zuges, das Bremsen und Anhalten, den Dialog fast übertönend, diesen Abschnitt des Filmes zum Stehen.

Ein Mädchen, Ruth, die Tochter von Robert, ruft aus einem Waggonfenster:

»Hierher, Vater!«

Die beiden Männer steigen ein.

Das Pfeifsignal für die Abfahrt ist das Zeichen, auf das hin sich eine neue Sequenz in Gang setzt.

Joseph (Joachim Weiler), der Sohn von Robert, und Marianne (Hiltraud Wegener), seine Freundin, spazieren nebeneinander auf dem Weg entlang einem Bahndamm. Er hat einen Arm um ihre Schulter gelegt und erzählt ihr von seinem Vater. Daß er nach dem Krieg, entlassen aus der Gefangenschaft, die Kinder in die Stadt holte, wo sie in Großvaters Atelier wohnten, zwischen den Trümmern aufwuchsen. Vom Zeichentisch aus, an dem sie ihre Hausaufgaben machten, bemerkten sie oft Streit zwischen ihrem Vater und anderen Männern, die sich dagegen wehrten, daß er alles sprengen wollte, um »Luft zu schaffen«. Er weigerte sich, »auf jeden Hühnerstall aus der Römerzeit« Rücksicht zu nehmen. Und die andern wollten Robert Fähmel nicht verlieren, denn er war der beste Sprengspezialist.

Auf dem Schwarzen Markt kaufte er seinen Kindern Schokolade. Er kaufte immer, verkaufte aber nie.

Marianne: »Schön, aber was hat er denn getan, daß du jetzt die Lust am Bauen verloren hast? Warum willst du es mir nicht sagen?«

Joseph: »Weil ich es selbst noch nicht verstehe. Vielleicht kann ich es dir später erklären . . .«

Die Szene dauert eine Minute 55 Sekunden und ist in einer einzigen Einstellung gedreht. Der Weg, den Marianne und Joseph zurücklegen, rückt die Sequenz in die Nähe der Autofahrt mit Nettlinger und Schrella. Waren diese von hinten, aus dem Fond des Autos aufgenommen, so fährt hier die Kamera vor den beiden Spaziergängern her. Ihre Haltung, die rechte Hand Mariannes hochgezogen in der Hand von Joseph, die er über ihrer Schulter hält, die Köpfe leicht einander zugeneigt, beide vor sich hinsehend, drückt Zuneigung aus, das Weiß ihrer Haut im Gegensatz zu seiner dunkleren Farbe die Anziehung, die sie aufeinander ausüben. Das Gleichmaß ihrer Schritte, die linke Hand Mariannes, die selbstvergessen mit ihrer Halskette spielt, der Wind, der ihr Haar bewegt, ein Aufblicken zu Joseph, die Andeutung eines Lächelns auf ihrem Gesicht

43

– Zuhören und Sprechen über Vergangenes, das ist für diese beiden Menschen vor allem, daß sie *zusammen sind* (Abb. 43).

Dieses Zusammensein scheint so in sich selbst begründet, daß man sich wundert, wenn Joseph sagt:

»Da kommen sie«

und in der nächsten Einstellung ein Zug auf die kleine Bahnstation zufährt, bei der sie inzwischen angekommen sind.

Dieser Zug bringt Heinrich, Robert und Ruth Fähmel nach Kisslingen, wo sie von Marianne und Joseph erwartet werden. Von hier aus werden sie sich dann alle fünf zur Abtei Sankt Anton begeben.

Von all dem ist jedoch dem Zuschauer nichts bekannt. Anhaltspunkte ergeben sich aus dem Gespräch zwischen Robert und seinem Vater: die Informationen, daß Ruth kommt, daß man nach Sankt Anton fährt, daß Roberts Sohn eine Freundin hat und der Ausruf von Ruth: »Hierher, Vater!« müssen verarbeitet werden, um die Personen und die Handlungssituation zu identifizieren.

Der Weg des Erkennens von Handlungssituationen führt durch die Wahrnehmung der Oberfläche des Films, der Schauplätze, des Äußeren der Personen, des Klangs ihrer

Stimmen, ihres Verhaltens zueinander. Insofern muß sich der Zuschauer den Eindrücken öffnen, den Reiz dieser Oberfläche auf sich wirken lassen.

Gleichzeitig muß er Gedankenarbeit verrichten, um Worte und ihre Bedeutung zu erfassen, im Kopf zu behalten und die Beziehungen herzustellen zwischen den einzelnen Teilen der Handlung. Er muß Kombinationen anstellen, um zu ermitteln, wer welchen Namen trägt und welche Rolle spielt innerhalb der Fiktion.

Der nächste Filmabschnitt ist nicht aufgebaut auf der Gegenüberstellung zweier Personen, welche den Anlaß des Sich-Erinnerns bildet, sondern auf der direkten Konfrontation einer Person, Schrellas, mit einem Ort seiner Vergangenheit. Die Sequenz hat vier Einstellungen, dazwischengefügt ist ein Stück Parallelhandlung vom Schauplatz der Abtei, das zwei Einstellungen zählt.

Die blonde junge Frau hinter dem Kioskschalter, erstaunt (Abb. 44), reicht Schrella ein Päckchen Zigaretten, blickt ihn an und fragt:

44

»Kennen wir uns wirklich nicht?«

»Nein. Ich bin sicher.«

antwortet Schrella abweisend. Der Blick der Frau bleibt immer noch auf ihn gerichtet, als er sich entfernt.

In aufrechter Haltung schreitet er über ein großes freies Feld in die Tiefe des Bildes auf eine Reihe von Wohnhäusern zu. Es ist eine Arbeitervorstadt.

An die gerade Linie, die sein Gang beschrieb, während die Kamera starr an seinem Ausgangspunkt beim Kiosk verharrte, schließt sich ihre kreisförmige Bewegung an von einem Trottoir über die belebte Straße, die voll von Geräuschen ist, auf die andere Seite, entlang der Häuserfront, vorbei an spielenden Kindern; Frauen, die aus den Fenstern schauen; Leuten, die Sachen in ein Auto packen; wieder zurück auf die andere Seite, wo Schrella steht, der auf ein kleines Mädchen hinabschaut, das ihn fragt:

»Suchen Sie jemand?«

»Ja. Schrellas. Wohnen die nicht mehr hier?«

»Nein. Die haben nie hier gewohnt.«

Er gibt dem Mädchen einen Groschen. Es rennt weg, und er schaut ihm nach.

Aus einem schwarzen Portal treten Robert und Heinrich, begleitet vom Abt, ins Freie. »Meine Festansprache«, sagt der Abt feierlich, sich an Heinrich wendend, »wird nicht im Zeichen der Anklage stehen, sondern im Zeichen der Versöhnung. Versöhnung auch mit jenen Kräften, die in blindem Eifer unsere Heimstatt zerstört haben. Darf ich also hier die Einladung aussprechen und die herzliche Bitte (Robert lächelt), daß Sie uns die Ehre erweisen, zur Einweihung zu kommen?«

»Herzlichen Dank, Ehrwürdiger Vater.«

»Sehr erfreut, Ihren Sohn kennengelernt zu haben.«

Es ist derselbe Abt, der – vor der Rückprojektion mit den Trümmern – zu Heinrich sagte: »Wir werden den Schuldigen finden.«

Auf der Straße, die unterhalb der Abtei vorbeiführt, steht der Mercedes. Marianne und Ruth nehmen die vorderen Plätze ein, während Joseph auf seinen Vater und Großvater wartet. Er öffnet ihnen die Türen zum Rücksitz und setzt sich selbst ans Steuer. Leute, die müßig herumstehen, schauen aus dem Hintergrund herüber. Das Brummen eines Flugzeugs am Himmel. Zuschlagende Türen. Etwas von der Trägheit sonntäglicher Familienausflüge. Die Kamera verfolgt, wie sich das Auto langsam talwärts in einer Kurve entfernt und nimmt dann diese Bewegung auf, schwenkt über einen Vorhof der Abtei, auf dem die Besucher in Gruppen beisammenstehn, und dann die Fassade der Abtei hinauf . . .

. . . über Rheinhafen und Panorama der Stadt, aufgenommen von einer Brücke aus, auf Schrella, der am Geländer der Brücke steht, sich umdreht und weggeht.

»Ich habe gesündigt, habe schwer gesündigt. In Erika Progulskes Augen wollte ich kein Erkennen aufblitzen sehen, aus ihrem Mund den Namen Ferdi nicht hören.«

Diese Worte werden von dem Darsteller des Schrella schnell, als Kommentar, gesprochen und sind wegen des Verkehrslärms auf der Brücke schwer verständlich.

Alles an dieser sechsteiligen Sequenz ist so arrangiert, daß das Alleinsein von Schrella hervorgehoben wird:

– die *Gegenüberstellung* mit der blonden Frau im Kiosk, nach dem zärtlichen Hand-in-Hand von Marianne und Joseph;

– der einsame Weg über das freie Feld;

– die beiden Schwenks, in denen sich das ungezwungene Leben der Vorstadtstraße an einem Feierabend,

das Beisammensein der Fähmels und die träge Unbeteiligtheit von Ausflüglern mitgeteilt haben,

– bevor sie auf Schrella treffen, der allein ist mit seiner Erinnerung an das Elternhaus und an Ferdi.

Es hat den Anschein, als wären die Fetzen von Fiktion nur da, um dieses Alleinsein als *Hintergrund* sichtbar zu machen. Nur in dieser Unaufdringlichkeit und Gleichgültigkeit ergibt sich die gleichzeitige Bedeutung, daß *das Leben weitergeht*. Eine Bedeutung, in die Schrella selbst eingeschlossen wird dadurch, daß der Schwenk auf die Brücke an den vom Anfang des Films erinnert, als der junge Schrella mit Robert auf einer anderen Rheinbrücke stand.

Im Gegensatz zur entsprechenden Stelle des Romans sind *die Motive* des Verhaltens von Schrella im Film nicht nachempfunden. Während dort beschrieben ist, wie Schrella »Erinnerung vollzieht« (»Achtzehntausendmal auf die Klingel gedrückt, auf den gelblich blassen Messingknopf, der seinem Daumen noch vertraut war: wo früher Schrella gestanden hatte, stand jetzt Tressel ...«), gibt der Film *von außen* das Verhalten eines Menschen wieder, der sich im Land der Erinnerung bewegt und dabei ganz für sich bleiben will.

Die Frau am Kioskschalter bleibt dem Zuschauer zunächst unbekannt, so daß die Szene keinen Sinn zu haben scheint. Auch daß Schrella in Erinnerung an die Trischlers zum Hafen ging, bleibt im Film ungesagt. Er steht wie zufällig auf der Rheinbrücke. Sein Kommentar verschweigt die Gründe, warum er in »Erika Progulskes Augen kein Erkennen aufblitzen sehen« wollte.

Schrella, wie er allein ist und allein sein will. Auf ein Gespräch mit der blonden Frau läßt er sich nicht ein. Die Antwort des kleinen Kindes, daß Schrellas »nie da gewohnt« haben, ist ihm selbstverständlich. In der Vorstadtstraße ist er ein Fremder, und auf der Rheinbrücke rollt der Verkehr an ihm vorbei.

Nicht versöhnt sind am entschiedensten Johanna und Schrella. Während der junge Mann seine alte Umgebung, die ihm fremdgeworden ist, auf sich wirken läßt und die Spannung auf dem unausgesprochenen Verhältnis zwischen Dekor und Person beruht (die eingeschlossen ist in ihre Umgebung und entfremdet von ihr), ist die folgende Sequenz mit Johanna, ein Stück *action-film* von 3.41 min. Dauer und 13 Einstellungen, von der zeitlichen Kontinuität zielgerichteten Handelns bestimmt.

Johanna sitzt in ihrem Appartement, trinkt einen letzten Schluck Tee, stellt die Tasse ab und erhebt sich, nachdem es an der Tür geklopft hat. Huperts, der zum Pflegepersonal gehört, ist eingetreten. Sie bittet ihn, Tee, Brot und Aufschnitt wegzunehmen. Während er die Sachen abräumt, steht sie am Fenster, schaut hinaus und fragt, ob der Obergärtner ihr wohl ein paar Blumen bringen könnte.

»Der ist aus. Hat Ausgang bis morgen abend.«

»Und niemand außer ihm darf ins Gewächshaus?«

»Nein, gnädige Frau, darin ist er schrecklich eigen.«

»Dann muß ich wohl bis morgen abend warten, oder ich besorg' mir welche draußen.«

»Sie wollen ausgehn, gnädige Frau?«

45

»Ja, wahrscheinlich. Es ist ein so schöner Abend. Ich darf doch, nicht wahr?«

Johanna geht vom Fenster zum Toilettentisch, während Huperts, der das Tablett schon aufgenommen hat, immer noch stehenbleibt:

»Natürlich, natürlich, Sie dürfen – oder soll ich den Herrn Rat anrufen? Oder den Herrn Doktor?«

Auf dem Toilettentisch liegen Jahannas Hut, Handschuhe und Handtasche. Ihr Gesicht, dann dahinter auch das von Huperts, ist im Spiegel zu sehen (Abb. 45).

»Das werde ich selbst tun, Huperts.«

»Guten Abend, gnädige Frau.«

»Guten Abend, Huperts.«

Huperts hat im off das Zimmer verlassen, Johanna setzt den Hut auf, streift ihre langen Handschuhe über und nimmt die Handtasche. Ihr Spiegelbild entfernt sich nach hinten. Nachdem sie schon den Raum verlassen hat, bleibt die Kamera noch auf Spiegel, Telefon, zwei Parfümfläschchen gerichtet.

Außenaufnahme auf die Tür zur Empfangshalle des Sanatoriums. Die Tür wird von innen geöffnet, Johanna kommt gemächlich die Freitreppe herunter, geht rechts am Haus vorbei langsam über einen Pfad in den Garten.

Blick von außen auf die Eingangsseite zum Gewächshaus. Johanna kommt ins Bild und tastet nach dem Schlüssel, der auf dem Türrahmen liegt. Sie öffnet die Tür und geht durch den langen Gang bis ans andere Ende. Das Quietschen der Eisentür, die sie weit geöffnet läßt und das Klappern ihrer Schuhe auf den Steinfliesen stehen im Kontrast zu der Stille, die über dem Sanatorium liegt, und machen sie spürbar. Auch gibt es fast keine Bewegung der Kamera während dieser ganzen Aktion.

Der Werkzeugtisch am hinteren Ende des Ganges. Die Hand Johannas nimmt einen Revolver aus der Schublade (Abb. 46), steckt ihn in die Handtasche und macht die Schublade wieder zu. Johanna verläßt das Gewächshaus durch die entgegengesetzte Tür von der, durch die sie gekommen ist.

Das Telefon in Johannas Wohnung. Mit ihrer rechten Hand nimmt sie den Hörer ab:

»Das Amt, bitte.«

Neben dem Telefon ein Veranstaltungskalender der Stadt Köln, angestrichen die Zeilen: »Aufmarsch der Kämpfer. Treffpunkt gegenüber dem Hotel *Prinz Heinrich*. Abmarsch 19.00 Uhr.« Johanna beginnt eine Nummer zu wählen. Das Gesicht der Frau, den Hörer am Ohr, während sie zu Ende wählt und wartet.

Viele Gangsterfilme beginnen damit, daß sie zeigen wie sich der Gangster, allein in seiner Wohnung, ankleidet, vor dem Spiegel kämmt, die Krawatte zurechtrückt, den Hut aufsetzt und aus dem Haus geht. In der Bedachtsamkeit jeder einzelnen Handbewegung, der Schnelligkeit, mit der eine die andere ablöst, ist einerseits die Geschicklichkeit vorweggenommen und die reibungslose Zusammenarbeit bei der Ausführung

46

des Verbrechens, andererseits die Qualität des Films als ein Kontinuum von Einstellungen, in dem die einzelne Aufnahme zurücktritt hinter dem Effekt, den der Film als Ganzes erzielt.

Die Sequenz mit Johanna enthält ebenfalls diese Zeremonie des Sich-Fertigmachens zum Ausgehen. Und dann den Akt des Besitzergreifens, aber ohne daß – wie im Action-Film – der Film selbst vom Zuschauer Besitz ergreift. Wie bei der anderen Action-Szene des Films, der Flucht von Robert (in der Rückblende), überlappen sich die einzelnen Szenenbilder. Die Einstellung ist schon da, bevor die Heldin in sie hineintritt, und bleibt noch einen Moment stehen, nachdem sie schon die Szene verlassen hat. Zuerst, außer in der ersten und letzten Szene, richtet sich die Einstellung auf Gegenstände, dann kommt Johanna ins Bild: die Tür zur Wohnung, das Fenster, der Toilettentisch, die Eingangstür, das Gewächshaus, der Werkzeugtisch, das Telefon, der Veranstaltungskalender. Indem die Einstellungen am Anfang und Ende *leer* bleiben, werden sie dem Zuschauer bewußt und wird auch ihre Kontinuität erst bewußt. Das Handeln der Frau, statt wie in einem Guß, ›in den der Zuschauer mit eingeschmolzen wird‹, zerlegt der Film in einzelne Stadien. Zuerst kommen die Orte, die Objekte des Interesses der Heldin ins Bild, bevor sie sich ihrer bedient.

Zu diesen Objekten gehört auch Huperts, den sie ausfragt nach dem Obergärtner. Mit ihrer rechten Hand nimmt sie den Schlüssel vom Türrahmen, den Revolver aus der Schublade, wählt sie die Telefonnummer. Es ist dieselbe Hand, die sie in der langen Szene mit Robert ausgestreckt hielt, als ob sie mit der Pistole auf jemand zielte: »Vielleicht gibt es nur einen Weg, ihn zu befreien.«

Rezeption des Hotels *Prinz Heinrich*. Der Empfangschef nimmt den Anruf Johannas entgegen.
    »O ja, gnädige Frau. Selbstverständlich, gnädige Frau. Zimmer 212, mit Balkon.«

In einem Zimmer des Hotels wird eine Flasche Champagner entkorkt.
    M.: »Glauben Sie wirklich, daß die uns nützen können?«
    Ein Sektkühler und drei Gläser auf einem kleinen Tisch in der Mitte des Raumes. Um den Tisch stehen zwei Männer, einer von ihnen schenkt Sekt in die Gläser.
    Der Erste: »Ich bin sicher.«
    Der Andere: »Ohne Zweifel.«
    M.: »Aber werden wir nicht mehr Wähler verärgern, als wir durch eine solche Sympathiebezeugung gewinnen?« (Er kommt vom Fenster an den Tisch.)
    Der Erste: »Der Kampfbund ist als nicht radikal bekannt.«
    Der Andere: »Verlieren können Sie gar nichts. Nur gewinnen.«
    M.: »Wieviel Stimmen sind es? Optimal und im ungünstigsten Falle?«
    Der Erste: »Optimal an die achtzigtausend, im ungünstigsten Falle an die fünfzigtausend.«
    M.: »Was werden die Ausländer denken?«
    Das Telefon klingelt. Die Hand von M. nimmt den Hörer ab.
    M.: »Ja«, nach einer Pause: »Gut.«
    Die Hand von M. legt den Hörer wieder auf. Die beiden Männer am Tisch schauen hinüber zu M., im off. Der kommt wieder ins Bild, bleibt bei den anderen stehen und sagt:
    »Sympathie bezeigen.«
    Der Erste: »Ich werde hinuntergehen und die Aufmerksamkeit des Umzugsleiters auf Ihren Balkon lenken.«
    Sie stoßen mit den Gläsern an (Abb. 47).

Diese Bewegung kehrt sich um im Billardzimmer, wo Schrella und Robert von einem Tablett, das ihnen Hugo reicht, ihre Cognacgläser nehmen.
    Das dann folgende Gespräch zwischen den Freunden dauert zwei Minuten und 44 Sekunden, ist aus zehn Einstellungen zusammengesetzt und entspricht in seiner visuellen Komposition dem zwischen Robert und seiner Mutter in deren Appartement.

47

Man spricht über den Jungen (Hugo):

»Was wird der Alte sagen, wenn ich ihm zum Geburtstag einen Enkel vorstelle, der Ediths Lächeln auf dem Gesicht trägt?«

und über Schrella, der weiter in seinem Hotelzimmer wohnen will. Wenn er dort die Tür hinter sich schließt, ist diese Stadt ihm so fremd wie alle andern.

»Die Menschen, die ich vorfinde – täusche ich mich, wenn ich sie nicht weniger schlimm finde als die, die ich damals verließ?«

»Die Zahl der Schablonen hat sich verringert«, entgegnet Robert, »niemand wäre auf die Idee gekommen, deinen Vater für einen Kommunisten zu halten. Nicht einmal Nettlinger war so dumm.«

Robert erzählt, was aus den Schulkameraden, die damals die Schikanen an Schrella nicht mitmachten, geworden ist. Enders ist Priester geworden.

»Sie haben ihn in ein Dorf geschickt, das nicht einmal Bahnanschluß hat. Er ist verdächtig, weil er die Bergpredigt zu oft zum Gegenstand seiner Predigten machte.« – »Holten ist tot, gefallen, aber Schweugel lebt noch. Er ist Schriftsteller. Redet immer von ›bürgerlich‹ und ›nicht-bürgerlich‹ und hält sich wahrscheinlich für das letztere. Was soll's, es interessiert mich einfach nicht.« – Grewe »ist Parteimensch. Aber frag' mich nicht, in welcher Partei. Ist auch unwichtig, das zu wissen. Und Drischka fabriziert Drischka's Autolöwen. Ein Markenartikel, der ihm sehr viel Geld einbringt.«

Als Schrella in der Halle auf Robert gewartet hatte, sammelten sich gerade welche zu einem Bankett, und er hörte was von ›Opposition‹.

»Immer wieder flüsterten sie sich ehrfürchtig den Namen des Stars zu, den sie erwarteten: Kretz.«

»Kretz ist sozusagen ein Star der linken Opposition.«

Schrella hat ihn gesehen. Er kam als letzter.

»Wenn der eine Hoffnung ist, möchte ich wissen, was eine Verzweiflung sein könnte.«

Schrella möchte mitgehen zur Feier von Heinrich Fähmels Geburtstag. Trischlers sind wirklich tot.

»Auch Alois. Er wollte sie auf der ›Anna Katharina‹ zu Freunden nach Holland bringen, und der Kahn wurde bombardiert. Alois wollte seine Eltern aus den Kojen holen, aber es war zu spät. Das Wasser schlug von oben rein, und sie kamen nicht mehr raus.« Das hat Robert im *Anker* erfahren.

»Ich bin jeden Tag dorthin gegangen, und habe alle Schiffer gefragt, bis ich einen fand, der's wußte.«

Die Szene mit den drei anonymen Herren ist eine Parallel-Montage zu der Sequenz, in der sich Johanna in den Besitz des Revolvers gebracht hat. Wenn das Telefon klingelt und M. den Hörer abnimmt, dann ist das so, als empfange er mit diesem Anruf den Todesstoß.

Dieses Gespräch von M. (Minister?) mit K. (Kanzler?), das Johannas Zimmerbestellung verdrängt, entspricht erst wirklich der Bedeutung von Johannas Anruf. Gleichzeitig ist die Figur von M. als Opfer gezeichnet durch die Gesetzmäßigkeit, mit der auf die Präsentation eines Objektes stets dessen Inbesitznahme durch Johanna gefolgt war.

Die Sequenz im Billardzimmer ist, vom Handlungsablauf her gesehen, der auf Johannas Attentat hinzielt, retardierendes Element. Die Introvertiertheit von Robert und Schrella ist der Entschlossenheit, das Sich-Erinnern an Bekannte und Freunde ist dem Taktieren mit Wahlstimmen von M. und seinen beiden Parteikollegen entgegengesetzt. Die Szene vermittelt das historische Panorama zur folgenden Einzelhandlung. Gleichzeitig ist das Verhalten der beiden Freunde, ihre Insichgekehrtheit, Bestandteil dieses Panoramas, Ausdruck der Ohnmacht des aufgeklärten Bürgertums. Ein Spiegelbild von der Verzweiflungstat der alten Frau.

Hotel *Prinz Heinrich*. Zimmer 212.

Johanna, mit dem Rücken zur Kamera, steht allein auf dem Balkon, schaut hinunter auf die Straße. Langsam fährt die Kamera auf sie zu. Auf der anderen Seite die riesige Fassade des Kölner Doms.

»Ich habe Angst, Alter. Nicht einmal 35 und nicht 42 habe ich mich so fremd unter den Menschen gefühlt«

sagt sie zu Heinrich, der plötzlich neben sie getreten ist, auf ihre Handtasche zeigt, die sie mit beiden Händen festhält, und fragt:

»Was willst du eigentlich mit dem Ding?«

»Ich will den Dicken auf dem Schimmel da unten erschießen. Kennst du ihn noch?«

»Glaubst du, ich würde ihn je vergessen? Trotzdem, *ihn* würde ich nicht erschießen.«

Der Darsteller des Heinrich Fähmel spricht jeden Satz bedächtig aus, was die *dramatische* Situation verfremdet. Er fährt fort, während Johanna auf den Nachbarbalkon hinüber-, dann ihn anblickt und nach der Pistole in die Tasche greift:

»Sieh da, unser alter Freund Nettlinger; wenn schon, dann würde ich lieber den erschießen – aber vielleicht überlegst du es dir. Der Mörder deines Enkels steht auf dem Balkon nebenan. Siehst du ihn?«

Johanna: »Ich verlasse mich auf den Paragraphen 51, Liebster.«

Heinrich Fähmel dreht sich um und kommt, in kerzengerader Haltung, während die Kamera langsam vor ihm zurückfährt, ins Zimmer. Johanna streckt ihren rechten Arm aus in Richtung des Balkons nebenan, zielt und feuert ab.

Die Sequenz ist in einer einzigen Einstellung gedreht.

Der Enkel, von dem Heinrich sagt, daß M. sein Mörder sei, lebt. Joseph schlendert mit Marianne und Ruth durch einen Keller mit römischen Ausgrabungen.

»Du weißt wohl nicht, daß das alles Vaters Sprengeifer zu verdanken ist. Als sie die alte Wache wegsprengten, brach ein Gewölbe durch. Es lebe das Dynamit!«, sagt er zu Marianne. Und zu Ruth:

»Weißt du noch, wie lustig Vater war, als er noch sprengen durfte?«

Durch eine Glastür, von der wohl kein Mensch vermuten würde, daß sie so weit in die Vergangenheit führt, treten die drei jungen Leute ins Freie. Durch eine fast ebensolche Tür betreten sie das Café Kroner, wo ihnen Frau Kroner entgegenkommt:

»Sie wissen es also noch nicht? Es muß etwas Schreckliches passiert sein. Ihr Großvater hat die Feier abgesagt. Vor einigen Minuten riefen sie vom *Prinz Heinrich* an.«

Die Mienen der drei drücken keinerlei Verwunderung aus, Ruth scheint sogar zu lächeln (Abb. 48).

Im Speisezimmer der Fähmels sitzt der Großvater vor seiner Geburtstagstorte und schneidet sie an. Zur Musik von Bach, den ersten zwanzig Takten aus der Ouvertüre zur Suite Nr. 2 in H-moll, spricht er folgende Worte:

»Ich kann mir nicht helfen, Kinder. Ich kann nicht traurig sein. Sie wird nun wiederkommen und bei uns bleiben. Er ist ja nicht lebensgefährlich verletzt worden, und ich hoffe, das große Staunen wird nie von seinem Gesicht verschwinden.«

48

Um ihn herum sind Hugo und Ruth, Leonore, Schrella, Robert, Joseph und Marianne. Nachdem sie alle im Bild waren fährt die Kamera weiter, auf ein Fenster mit einem Baum davor. Dann wird das Bild immer heller und geht über in das Weiß der Leinwand. Ende.

1   Nach Klaus Jeziorkowski: Rhythmus und Figur. Zur Technik der epischen Konstruktion in Heinrich Bölls ›Der Wegwerfer‹ und ›Billard um halbzehn‹. Bad Homburg v. d. H., Berlin und Zürich 1968. S. 96.

2   Bertolt Brecht: Gesammelte Werke 17. Frankfurt am Main 1967. S. 1022.

Geschichten von Franz und seinen Freunden

Die Geschichten von Franz und seinen Freunden wurden von ihnen selbst, unter der Regie der Filmemacherin Gloria Behrens, entworfen und gespielt. Es sind die ins Lehrlingsalter hineingewachsenen *Kinder vom Hasenbergl,* so der Titel einer früheren Fernsehserie desselben Teams, von denen der Film handelt. Er dauert zwei Stunden und wurde vom Deutschen Fernsehen im Rahmen des Jugendprogramms 11 1/2 in vier Folgen gesendet (Februar/März 1976).

Der Film gliedert sich in acht Teile, von denen jeder wiederum ungefähr ebensoviele Szenenabschnitte enthält. Es gibt jedoch keine Kapitelüberschriften, sondern im allgemeinen wurde als Übergang von einer Gesichte zur anderen die Form der Überblendung gewählt. Eine Form, welche einerseits die Trennung als solche hervorhebt, andererseits jedoch bewirkt, daß in der nachfolgenden Episode die vorhergegangene aufgehoben und bewahrt ist.

Die Ereignisse sind insofern voneinander isoliert, als sie den zahlreichen, für die Funktion des Films weniger bedeutsamen Vermittlungen des wirklichen Lebens entrissen sind. Sie sind jedoch miteinander verbunden durch den Prozeß des filmischen Erzählens, der seinerseits die Totalität des Lebenszusammenhangs der Jugendlichen zum Gegenstand hat.

Was sie spielen, haben sie wirklich erlebt oder in ihrer Situation als Möglichkeit erfahren. Erfahrungen, die sich in der Betonung des Vorgangs des filmischen *Erzählens* mitteilen. Es ist die Ergriffenheit von der Bedeutung und dem Zweck ihres Tuns, die all ihre mimischen Äußerungen, ihre Gebärden und Worte durchdringt.

Von den Lehrlingen selbst aus ihrem eigenen Lebenszusammenhang genommene Wahrnehmungselemente:

Ein Schultag im letzten Schuljahr – Lehrstellensuche – Elternhaus – Vorstellen im Betrieb – Eignungstest – Angestelltenkantine – Bekanntgabe der Testergebnisse – Erster Arbeitstag.

Einerseits in der Gegenüberstellung der Darsteller mit sich selbst innerhalb einer ihnen geläufigen gesellschaftlichen Situation, andererseits in der filmischen Organisation dieser einzelnen Episoden zu einer übergreifenden Handlung erfüllt sich die Funktion des Films als einer Anleitung zur bewußten Beobachtung des gesellschaftlichen Lebens. Diese Aufmerksamkeit gegenüber den Oberflächenerscheinungen ist die Grundvoraussetzung für ein Erkennen der unter dieser Oberfläche verborgenen Gesetzmäßigkeiten des Funktionierens der Gesellschaft. In diesen Gesetzmäßigkeiten sind die Bedingungen und Bestimmungen beschlossen, denen »die Jugendlichen mit ihrem Leben unterliegen, wovon sie abhängig sind und wie sie sich dem stellen«.

Was die Berufs-Filmemacher betrifft, so sind die Lehrlinge einerseits ihre Lehrer: naturwüchsig vertraut mit allen Verhältnissen und Zusammenhängen ihrer Umgebung, sehen sie sich spielend imstande – anders als im filmischen Realismus oder Naturalismus, Termini, welche immer die Sicht und geistige Haltung von Künstlern bezeichnen – dieser Umgebung den Ausdruck unmittelbarer Wirklichkeit zu verleihen. Es kommt für die Filmemacher hier darauf an, diese Realitätspartikel nicht durch hineingelegte Interpretationen und Erklärungen zu verfälschen und zu verharmlosen, also zu vermeiden, daß sie sich selbst als Sozialkritiker in den Vordergrund stellen.

Die Filmemacher sind umgekehrt insofern den Lehrlingen Lehrer, als sie jedes beobachtete Detail, jeden Szenenentwurf so behandeln, daß einerseits nichts über das hinaus, was die Beteiligten selbst an sich erfahren haben, Gestalt gewinnt, daß jedoch gleichzeitig der Film den permanenten Versuch darstellt, in diesem Material alle Tendenzen freizulegen, die dahingehen, ein Erkennen seiner Bedingungen und Bestimmungen zu bewirken.

Die beiden Grunderkenntnisse sind einfach: es ist die Teilung der Gesellschaft in Klassen und, als ökonomische Ursache davon, das Privateigentum an Produktionsmitteln.

In der Unterrichtsstunde, die den Anfang des Films bildet, gibt die Lehrerin einen der staatlichen Lernschule angemessenen abstrakten Begriff von Arbeit und Kapital:
»Wir fassen also nochmal zusammen: die Produktionsfaktoren der Wirtschaft sind Boden, Kapital und Arbeit. Was verstehen wir nun unter Arbeit? Sehr schön! Arbeit ist jede planvolle Tätigkeit im Dienste der Bedürfnisbefriedigung.«

Die konkrete Form des Arbeitsverhältnisses, das die Produzenten eingehen, ist nicht angesprochen. Das Kapital erscheint als ein Stück Natur, wie der Boden und der Trieb zur Bedürfnisbefriedigung.

Gleichzeitig ist in diesem Anfang das kathederhaft autoritäre Verhältnis eines Lehrenden zu den Lernenden enthalten, wenn Franz und seine Freunde ein Protokoll der Stunde anfertigen sollen, aus dem paradoxen Grund, daß sie nicht aufgepaßt haben.

Neben der Schule ist es die Isolierung in der Familiengemeinschaft, welche auf die Kinder der Arbeiter einen ihren Interessen entgegengesetzten, korrumpierenden Einfluß ausübt.

Im Zeitalter der einfachen Warenproduktion, vor dem Aufkommen des modernen Industriekapitalismus, war die Familie noch die organisatorische Basis der Gütererzeugung. Die Erziehung war im wesentlichen nichts anderes als organische Eingewöhnung des Kindes in den Arbeitsprozeß. Durch die vom Kapitalismus vollzogene Trennung von Wohnung und Arbeitsstätte »war der Familie als Erziehungsgemeinschaft der Todesstoß versetzt. Mit der produktiven Arbeit verlor die Familie neun Zehntel ihrer Erziehungsmöglichkeiten und Erziehungselemente.«[1]

Aus dieser Leere heraus entsprang die kleinbürgerliche, auf den abstrakten Erfolg gerichtete Erziehungsdoktrin, mit dem Versagertum als unvermeidlicher Kehrseite. Es ist in dem Film anschaulich festgehalten, daß sich die Eltern von Franz zu sehr bewußt sind, wie sehr die objektiven Umstände die Zukunft ihres Kindes bestimmen, als daß ihre Erziehung jene pathologischen Formen annehmen könnte, wie sie in der bürgerlichen Literatur und im Film als Elemente für unzählige Generationenkonflikte Eingang gefunden haben.

Jedoch ist unverkennbar die Reduktion der Familie von ihrer produktiven Eingewöhnungsfunktion in den Arbeitsprozeß auf eine sich passiv auf das Ziel der Anpassung hin verhaltende moralische Instanz.

Die Mutter achtet darauf, daß Franz nicht zuviel Bier trinkt, nicht zu lange im Bett liegt, sich so schnell wie möglich wieder eine Arbeit sucht. Sie sagt ihm, daß es besser sei, gleich zur Berufsberatung hinzugehen, statt zu telefonieren, und für das Vorstellen im Betrieb hat sie ihm ein neues Hemd gekauft, »damit du einen guten Eindruck machst, da bist du schon halber in der Firma«.

Das Verhalten der Mutter ist immer – auch da, wo sie ihren Sohn aufs äußerste zurechtzuweisen gezwungen ist – von Wärme und Zärtlichkeit geprägt. Dies muß auffallen, weil sie ihr Kind nicht unmittelbar praktisch in seine gesellschaftliche Funktion einführt, sondern die Zeichen der Mutterliebe auf pervertierter Basis, als Besorgtheit, geduldiger Zwang zur Anpassung, etc. sichtbar werden.

»Bis zum Abschluß will er sich noch verbessern«, beeilt sie sich, dem Ausbildungsleiter, der das Zeugnis von Franz durchsieht, zu versichern. Sie sagt das ganz instinktiv, wie eine richtige Mutter.

Von Anfang an bleibt Franz keine Wahl. Die Lehrstellen sind knapp. Er möchte was Handwerkliches lernen, und – da keine Werkzeugmacher ausgebildet werden – entscheidet er sich sofort für eine Maschinenschlosserlehre.

Unter eisernem Zwang der äußeren Verhältnisse, in Anbetracht des Fehlens eines Freiraumes, wie er Jugendlichen auf dem Gymnasium und an der Universität zur Verfügung steht, ergibt sich für Franz keine Perspektive, seine innere Verfassung, als entwickeltes Selbstbewußtsein, nach außen darzustellen.

Der Wechsel von der Schule auf die Arbeit vollzieht sich in dieser besonderen Form für ihn als strenge Naturgesetzlichkeit. Und so wie, absorbiert von den Anforderungen, die unausweichlich an sie gestellt werden, die Lehrlinge gar nicht dazu kommen, über sich selbst zu reflektieren, ebenso betrifft auch ihr Ärger, ihr Zorn und Spott andere nur in Äußerlichkeiten und in deren objektiv gegen die Lehrlinge gerichteten Funktion, nie als aufs Subjektive bezogener Haß, Verachtung, etc. Umgekehrt läßt sich Franz auch von Wohltaten seiner Vorgesetzten, bei aller Dankbarkeit, im Grunde nicht täuschen.

Die Filmemacherin brauchte ihrerseits den Erfahrungen der Jugendlichen nur zu folgen, um den Stoff zu finden, der es überflüssig macht, tiefer in ihre Psyche einzudringen, als es unter Bekannten und Freunden normalerweise üblich ist.

Franz hat den Eignungstest bestanden. Am Beginn des ersten Arbeitstages bekommen die Neuen ihren Werksausweis, die Arbeitskleidung (Abb. 49) und das Werkzeug ausgehändigt. Dann erklärt der Meister die Stechuhr (Abb. 50) und wie man feilt. An seinem Arbeitsplatz schaut Franz in die Schublade und tut sein Werkzeug hinein.

Deutlicher noch als in der Tatsache, daß die Lehrlinge nachher drei Wochen lang am selben Stück feilen müssen, vermittelt sich in dieser Szenenfolge der Zwangscharakter der Arbeit. Insofern, als er hier im Ausbildungs- und Produktions*verhältnis,* nicht in der Beschwerlichkeit des Arbeitsvorgangs, begründet erscheint:

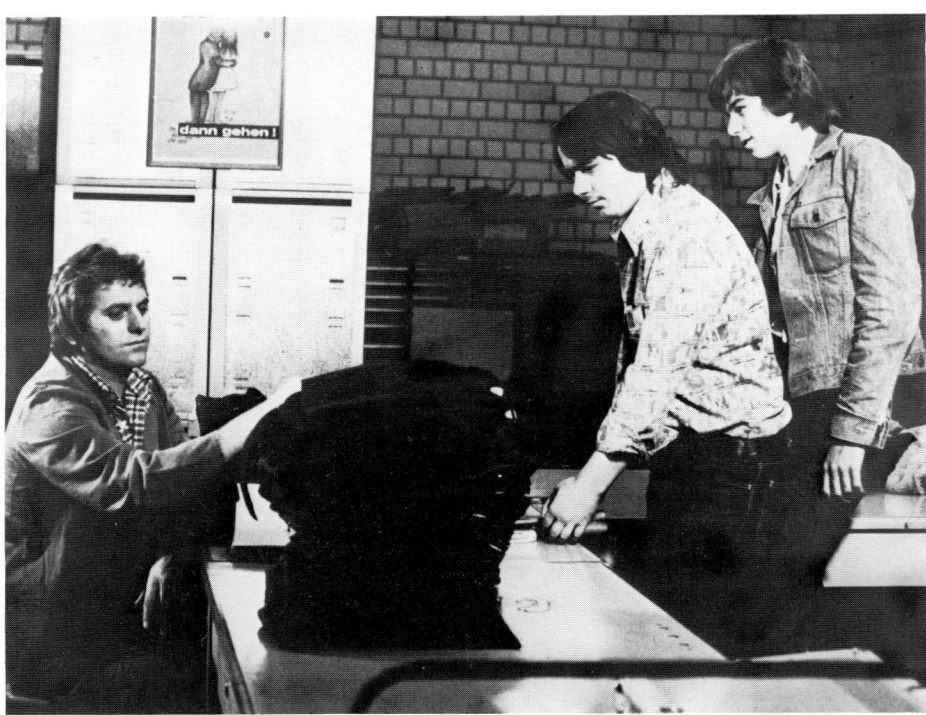

50

die Verfügung der Firma über die Arbeitsmittel, deren Empfang die Lehrlinge quittieren; die exakte Bemessung der Zeit, in welcher ihre Arbeitskraft der Firma gehört; die Begegnung von Franz mit seinem Arbeitsplatz als einem fremden Produktionsmittel.

Indessen verschwindet der despotische Gehalt dieses Arbeitsverhältnisses unter dem Eindruck, daß die Firma für den Lehrling sorgt, ihm jede materielle und die individuelle Hilfe des Meisters bereitstellt, um seine Ausbildung zu garantieren. Für die Arbeitszeit entschädigt der Feierabend, und, auch wenn er ihm nicht gehört, kann Franz den Arbeitsplatz doch als seinen betrachten.

Ein Rezensent beklagte sich über »schlechte Tontechnik und stellenweise kaum verständliche Dialekt-Nuschelei«.[2]

Die Tontechnik ist gut, und was die »Nuschelei« betrifft, so wird man den Jugendlichen kaum ihren in besonderer Weise verschlampten Großstadtdialekt nehmen wollen und können. Darüber hinaus gehört paradoxerweise zur authentischen Kommunikation dieser Wirklichkeit, in welche die Lehrlinge hineingestellt sind, daß nicht alles was sie sagen begriffsmäßig verstanden wird. Die Bedeutung ihrer Worte ist *eine*

Sache. Es sind jedoch die das Sprechen begleitende Mimik und Gestik, spezifische Dialektform und Artikulation, welche in besonderer Weise den Wahrheitsgehalt sowohl der Bedeutung dessen, was im Film gesagt wird, als auch der im Film insgesamt enthaltenen Aussage bestimmen.

Die Handlungslinie, inklusive der verbalen Äußerungen, Dialoge, etc., in der die expliziten Bedeutungselemente des Films zusammengefaßt sind, schält sich heraus aus dem vielfältig Konkreten, dem bedeutungslosen Stimmungsgehalt einer Situation, aus der Fülle unbewußt getroffener Handhabungen, spontaner Reaktionen, spezifischer Gesten, Verhaltens- und Redeweisen.

Das Bedeutungshafte, hervorgehoben in der Folge der Konfliktsituationen, im *Wechsel* der Ereignisse, bleibt eingebettet in eine durch die Gesamtheit ihrer Lebensverhältnisse fest geprägte Form des Umgangs der Jugendlichen miteinander, ihres Auftretens gegenüber Vorgesetzten, Eltern, etc.

Wenn Franz und Horst zum Ausbildungsleiter gerufen werden, dann führt sie diese bedeutsame Aufforderung gleichzeitig *heraus* aus einer ganz alltäglichen Situation in der Lehrwerkstatt, wie sie dann einzutreten pflegt, wenn der Meister für kurze Zeit weggegangen ist:

es kommt Unruhe auf, die Lehrlinge stehen in Gruppen zusammen, machen Spaß, geraten aneinander; aufgestauter Unwille entlädt sich, etc. Dabei sind die Wortfetzen, die an unser Ohr dringen, mehr als Geräusch interessant, so wie das Feilen, das sie untertönt; das Telefonklingeln; die Tür, die auf und zu geht.

Und nachdem der Ausbildungsleiter den beiden Freunden mitgeteilt hat, daß sie die Probezeit nicht bestanden haben, kehren sie zurück in die Werkstätte, wo sich das Ereignis in einer typischen Resonanz sinnlich bekräftigt:

Neugierde der anderen; natürliches Parteiergreifen für die Betroffenen: »Sauerei!«; ». . . tät i nimmer weiterarbeiten . . .«; ». . . du Depp, dann kriegst doch koa Geld mehr! . . .«; ». . . wär mir dann a egal . . .«; ». . . aber mir net . . .«, usw., bis der Meister dazwischenkommt.

Auch die zentrale Szene im Büro des Ausbildungsleiters reduziert sich nicht auf die in ihr beschlossene Information mit ihrer besonderen Tragweite für die Entwicklung der Story. In den konkreten Begleitumständen der Kündigung steckt jener umfassendere Wahrheitsgehalt, der verhindert, daß sich das didaktische Element des Films, seine politische Absicht, entfremdet von empirischen Gegebenheiten, durch die hindurch allein diese Absicht realisierbar ist. Es sind solche Genauigkeiten, das Äußerliche betreffend, an denen sich das Interesse der jugendlichen Zuschauer entzündet:

Die ungewohnte Umgebung der Chef-Etage (Abb. 51); das Zögern beim Anklopfen an der Tür zum Büro; die Scheu, an den Schreibtisch heranzutreten, hinter dem der Ausbildungsleiter sitzt. Dessen Hochdeutsch, das durchtönt wird von bayerischem Dialekt. Der obligate Ratschlag:

51

»Ihnen, Buchinger, würde ich raten, einen kaufmännischen Beruf zu ergreifen . . .«

Stumme Betroffenheit der Lehrlinge, die erst nachher einem langsamen, stetigen Prozeß des Damit-Fertigwerdens weicht.

In diesem Prozeß ist zwar die Erkenntnis von der Willkür des Unternehmens enthalten, das zuviele Lehrlinge einstellt und dann diejenigen rausschmeißt, die ihm nicht passen. Aber diese Erkenntnis von Franz kann sich nicht ohne weiteres durchsetzen gegen das vom Vater suggerierte Schuldgefühl:

»Trotzdem, du hättest ja nicht dabeisein müssen.«

Die Zehn-Minuten-Sequenz in der Kneipe ›Zum Wolfgang‹, wo Franz bei Flipper und Kartenspiel, Bier trinkend, seine Enttäuschung abreagiert, hat nichts mit Naturalismus, Alkoholismus, etc. zu tun.

Eine Darstellung, welche das Problem des Alkoholismus als separate Erscheinung beträfe, hätte in der psychischen Verfassung von Franz auch gar keine Grundlage. Wenn er sich besäuft, dann tut er es nicht aus Verzweiflung über ein Gewahrwerden grundsätzlicher Perspektivlosigkeit seines Lebens. Die Kneipe hat kaum Ersatzfunktion für ihn. Das Umgekehrte ist der Fall: in der Kneipe stellt sich für ihn jener kommunikative Zusammenhang her, den er zu Hause vermißt.

Wo er keine Moralpredigt befürchten muß, kann er sich auch die Freiheit nehmen, seinem Ärger über sich selber Luft zu machen:

»Mei, g'schmissn hobn's mi, weil ich immer Scheiß baut hab' . . . Zu schlecht war ich halt . . .«

Und indem er seine eigene Schuld nicht ausschließt, hat Franz andererseits die Möglichkeit, die objektive Schwierigkeit, eine neue Lehrstelle zu kriegen, herunterzuspielen:

»Irgendwie wird's schon gehen . . .«

In der Episode im Wirtshaus, wo die Burschen ganz unter sich, gewissermaßen sich selbst überlassen sind, legen sie Verhaltensweisen an den Tag, die nie und nimmer von einem Regisseur hätten einstudiert werden können. Sie gestalten spontan eine Materie, die als Lernstoff dient für Filmemacher und Zuschauer: wie bestimmte Dinge in einer Kneipe von ihnen verhandelt und ausgetragen werden. Es muß das Wissen um diese Lehr-Funktion gewesen sein, das zum Spaß der Darsteller an ihrer Arbeit beigetragen hat.

Ihre Informationen haben sie nicht aus der Zeitung, sondern aus dem Bekanntenkreis: Der Hans wird Friseur, weil er nichts anderes mehr gekriegt hat. Der Harry sitzt schon seit August rum und findet nix. Von den Pokerspielern wissen sie aus eigener Erfahrung, daß die auch Geld brauchen »weil bar bezahlt werden muß«.

Und so, wie sich aus ihren eigenen Erfahrungen und aus dem, was sie von Bekannten und Freunden gehört haben, in unbewußter und lückenhafter Weise die Einschätzung ihrer objektiven Lage zusammensetzt, ist auch die Form, wie sie sich mitteilen: zerstreut, sporadisch, eingebettet in eine Vielzahl von Beschäftigungen. Franz legt sich mit dem Wirt an und mit zwei Burschen, die mit einem Mädchen zusammensitzen, das er zu küssen versucht. Er spielt Flipper und legt Platten auf. Er spendiert eine Runde. Schließlich spielt man Karten.

Die Gespräche selbst konzentrieren sich nicht auf einen Punkt, wie in der Diskussion, sondern sind aufgelöst einerseits durch Gesten, wie Zigarettenanbieten und -anzünden, Bier vom Tablett nehmen, Glas an- und absetzen. Gesten, die in bewußter Manier ausgeführt werden. Andererseits wird viel Beiläufiges ausgesprochen, man flachst miteinander, raunzt sich an; die Rede folgt einer bestimmten Assoziation, es wird geflucht, Spottnamen, usw.

In der Empfänglichkeit von Franz für die in der Kneipe gebotenen Formen der Ablenkung und Zerstreuung liegt einerseits das Moment seiner Bereitschaft zur spontanen Verdrängung, andererseits verhindert das Eintreten seiner Person in diesen kommunikativen Zusammenhang, für den die Institution der Kneipe den Rahmen abgibt, daß ihm die aufgestaute Wut durch einen Prozeß der Sublimierung zum Lebensgefühl, zur fruchtlosen Protesthaltung gerinnt, die ihn von der Wirklichkeit isoliert.

Weltflucht als Gewahrwerden von Innerlichkeit, Orientierung am Ideal des abstrakten Individualismus, gibt es für ihn keine. Letztlich kann ihm nur der Austausch konkreter Erfahrungen weiterhelfen, die ihm die Einsicht vermitteln, daß »das jedenfalls nicht von seiner Lust abhängt oder von dem, was er möchte«, was schließlich aus ihm wird.

Was das Lokal ›Zum Wolfgang‹ betrifft, so vermittelt es sich ausschließlich in der konkreten sozialen Funktion, die es für Franz besitzt. Der will dort nicht vor der Welt flüchten, sondern er sucht einen Anknüpfungspunkt, um mit dem Rausschmiß fertig zu werden. Seine momentane Verfassung ergreift nicht als Weltschmerz, Selbstbemitleidung, etc. von ihm Besitz, sie bleibt dem Versuch der Überwindung ausgesetzt.

So ist auch kein Anlaß gegeben, den Originalschauplatz, die Kneipe ›Zum Wolfgang‹, als Dekor zum sichtbaren Ausdruck der inneren Verfassung von Franz zu transzendieren. Wenn der Verfasser der erwähnten Rezension in bezug auf den ganzen Film den Ausdruck »Tristesse« gebraucht, dann ist damit eine solche impressionistische Verfahrensweise angedeutet. Nichts liegt jedoch diesen Geschichten ferner.

Der Miserabilismus, als Ausdruck beschaulichen Verharrens in der Position des autonomen, sozialreformerisch orientierten Künstlers, ist überhaupt nicht imstande, die eigengesetzliche, aus dem Klassenwiderspruch resultierende Bewegung der Wirklichkeit zu erfassen. Für diese Künstler ist Veränderung nur denkbar auf dem Weg von oben, wobei sie sich einreden, daß ihre soziale Anklage den Anstoß dazu gibt.

Ich erinnere mich an eine Diskussion im ehemaligen Münchner *occam-studio*, wo dem Regisseur Slatan Dudow vorgeworfen wurde, daß in *Kuhle Wampe* immer die Sonne scheine, daß seine Welt der kleinen Leute zu idyllisch wäre im Vergleich zur Wirklichkeit. Dudow hat geantwortet, daß nur Leute aus besseren Verhältnissen sich proletarische Behausungen, Wohnviertel, Freizeitvergnügen als etwas Elendes, Trauriges, Hoffnungsloses vorstellen, während den Arbeitern selbst ihre Welt ganz anders erscheint.

Die Frage von Schauplatz und Dekor, von der diese Überlegungen ihren Ausgang genommen haben, betrifft in der gleichen Weise die der Musik.

Franz verliert sich nicht im Genuß der Musik, die aus der Music-Box dringt. Er hört sie zwar gern, aber sie bietet ihm nicht einen so weitreichenden Anlaß zur Kompensation, daß es angebracht wäre, in die Original- und Illustrationsmusik unmittelbar seinen seelischen Zustand zu projizieren. Die Musik hat hier keine metaphysische, sondern reine Gebrauchsfunktion. Diese erweist sich im Gefallen, ein Kriterium, das so selbstverständlich in den spontanen Interessen der Lehrlinge begründet ist, daß die Reflexion des Experten ihm nichts anhaben kann.[3]

Das Verhalten von Franz und seinen Freunden ist nicht auf individuell-kontemplative, sondern unbewußt auf kollektive Bewältigung ihrer Probleme gerichtet. Im Prozeß dieser kollektiven Bewältigung kann sich ihre wirkliche Individualität überhaupt erst herstellen. Für Kultivierung der Einzelperson als Verinnerlichung und Vergeistigung haben sie keinen Sinn, weshalb auch die ästhetische Hervorbringung, in deren Konsum sich das Ich bestätigt, für sie keinen Kultwert besitzt.

»Der vor dem Kunstwerk sich Sammelnde versenkt sich darein (...) Dagegen versenkt die zerstreute Masse ihrerseits das Kunstwerk in sich.«[4]

Insofern der Einzelne nicht ganz aufgeht im Kunstgenuß, bleibt sein Interesse an Film, Musik, etc. dauerhaft aufgehoben in der Gesamtheit seiner Lebensinteressen. Es ist keine Grundlage gegeben dafür, daß sich separate Kriterien für die Beurteilung künstlerischer Produktionen herausbilden. Gleichzeitig ergibt sich aus diesem Sachverhalt als adäquate Form der Rezeption die kollektive.

Die Zerstreutheit beim Zuhören und Zusehen, die simultane gedankliche oder praktische Beschäftigung mit anderen Dingen, das unlösliche Verschlungensein der Wahrnehmung in der Totalität der momentanen Lebensumstände geht andererseits auf Kosten der abstrakten Totalität, der Aussage des Kunstwerks.

Dem wiederum kommt die Spezifik des Films, wie sie Brecht andeutete, entgegen:

»Der Film (...) gibt (oder könnte geben): verwendbare Aufschlüsse über menschliche Handlungen im Detail (...) Jede Motivierung aus dem Charakter unterbleibt, das Innenleben der Personen gibt niemals die Hauptursache und ist selten das hauptsächliche Resultat der Handlung.«[5]

Der Akzent in der Wirtshaus-Sequenz liegt darauf, daß die Burschen, sich zerstreuend, viele Dinge gleichzeitig tun und auf sich einwirken lassen. Das filmische Verfahren bleibt dem Zuschauer unbewußt. Es verschwindet in der vielfältigen Gegenständlichkeit, die es registriert. Die Schnitte sind wahrnehmbar als Wechsel des Blickpunktes, so als ob wir selbst im Lokal anwesend wären und unsere Aufmerksamkeit bald diesem, bald jenem Ereignis widmen, dabei immer den Hauptdarsteller im Auge behalten.

Auch die elementare Funktion des Film-Schnitts, innerhalb der dargestellten Zeit sogenannte Ellipsen, also Zeitsprünge, zu realisieren, tritt hier nicht in Erscheinung: kaum daß uns bewußt wird wie in ca. 15 Minuten Film ein ganzer wirklicher Abend enthalten ist.

Diese Betonung des Spiels der Darsteller, also der subjektiven Komponente auf der Leinwand, gegenüber den objektiven Faktoren, wie Zeitstruktur, Dekor, Musik, Kamera, etc., führt merkwürdigerweise zum Eindruck des *Dokumentarischen*. Die Kritik, sich zum inszenierten Dokument verhaltend als zur Wirklichkeit, die es offenbart, geht den Weg von den konkreten Äußerungen der Individuen zum gesellschaftlichen Verhältnis, das ihre Form bestimmt.

Was das spezifisch *Individuelle*, Einmaligkeit von Erlebnisinhalten, etc. betrifft, so hängt deren Vermittlung – und das muß wiederum merkwürdig vorkommen – in größerem Maß als vom Schauspieler selbst von den *sachlichen* Gestaltungsmitteln der Regie ab.

Der Schauspieler braucht in einem solchen Bild überhaupt nicht vorzukommen: Franz wird zusammengeschlagen. Seine Freunde bringen ihn nach Hause. Sie legen ihn aufs Bett. Die Mutter pflegt ihn liebevoll. Er schläft. –

Das Haus von draußen. Starre Einstellung. Nacht. Musik: *Night*, gesungen von Bruce Springsteen (*Born to run*).

In diesem Bild ist die Stille der Nacht, das fest dastehende Haus, die Vorstellung des schlafenden, zur Ruhe gekommenen Jungen. Statische Oberfläche. Gleichzeitig die heiße Musik. Eine Bewegung, die sich überdies auf fremdartige Weise mitteilt in dem Fortlaufenden des *Textes,* den der Rocksänger singt. Und im langsamen Hellwerden am Ende.

Welcher mimische Ausdruck, visualisierte Traum, etc. vermöchte ein genaueres Gefühl von der inneren Aufgewühltheit eines Menschen zu vermitteln?

Auch was die Mutter für ihren Sohn und er für sie empfindet, drückt der Film indirekt aus:

Franz hat in der Firma sein restliches Geld abgeholt. Er geht in ein Kaufhaus und kauft für seine Mutter sechs Gläser. Diese Geste wirkt um so herzlicher, als sich Franz im direkten Umgang mit seiner Mutter ziemlich rauhbeinig gibt.

Und umgekehrt kann sie ihre Freude darüber nur als Besorgtheit ausdrücken, daß er soviel Geld ausgegeben hat. Es ist ihre gesellschaftliche Funktion, das gewohnte Sparen und Feilschen im Haushalt, das die Form ihrer privaten, mütterlichen Zuneigung bestimmt.

Zwei Stellen im Film sind bezeichnend dafür, wie sich – über die Transparenz des Inhalts hinaus – das Erzählen selbst als Erscheinungsform dieses Inhalts vermittelt.

Einmal da, wo die Handlung stillsteht: in der starren Einstellung auf das Haus, montiert mit der Musik. Und dann dort, wo die Handlung sich verdoppelt: in den Rückblenden der Mandi-Episode.

Im ersten Fall passiert es, daß, wenn die Handlung aussetzt, wir sie erst als solche bemerken. Gleichzeitig werden wir vor jener irrealen Montage, des Films als etwas Künstlichem, Arrangiertem gewahr. Im zweiten Fall liegt das Irreale darin, daß Mandi, Geschichten erzählend, gleichzeitig in den Rückblenden diese Geschichten noch einmal erlebt. Urplötzlich, bei der ersten Überblendung in die Vergangenheit, assoziiert man *Kino,* und die Darstellung unterliegt einer ganz besonderen emotionalen Färbung. Was im normalen Erzählverlauf in eins zusammengefaßt ist, Darstellung und subjektives

Verhalten zum Dargestellten, tritt hier im Film auseinander. Mandi *erzählt* von seiner Arbeit im Großmarkt:

»Vor allem war da so ein blöder Lagerverwalter . . .«

Und dann kommt eine Szene, die das veranschaulicht. Oder umgekehrt, Rückblende: Mandi läßt nach seiner Kündigung aus Rache den Elektrostapler auf einen schön aufgetürmten Berg von Waren zufahren . . .

In der Kneipe, am Tisch sitzend, ahmt er denselben Vorgang, erzählend und gestikulierend, nochmal nach.

Die Ausstrahlungskraft einer Rückblende ist dadurch bedingt, daß die Rahmenhandlung, als ihre Voraussetzung, in ihr aufgehoben ist. Hier sind es Mandi, Franz und Harry – ohne Arbeit, nachmittags im Wirtshaus sitzend –, die sich erzählend und zuhörend die Zeit vertreiben (Abb. 52). Diese Ausgangssituation, ihre erzwungene Untätigkeit, durchdringt die Darstellung der Geschichten von Mandi, die von seiner Zeit als Stapler und Zigarettenautomaten-Auffüller handeln. Etwas Wehmütiges haftet seiner Erzählung und Stimme an, unabhängig davon, daß es ihm im Großmarkt überhaupt nicht und bei der Zigarettenfirma sehr gut gefallen hat.

Manchmal fragen seine Zuhörer etwas dazwischen:
»Und dann, was hast' dann gmacht?«, »Und warum bist da net gbliebn? Verzähl!« –
Fragen, welche die emotionale Spannung zwischen der Situation, in der die Geschichten erzählt werden, und der filmischen Realisierung dieser Geschichten als Rückblenden, wieder aufladen.

Das beide Zeitebenen verbindende Element dieser Rückblenden waren die Off-Stimmen von Mandi und seinen Zuhörern, wenn sie die Darstellung von Mandis Geschichten an den Übergangsstellen überlagern. Diese konkrete Überlagerung entspricht der im Akt des Vergegenwärtigens von Vergangenem begründeten Gleichzeitigkeit. So wie in den Geschichten die Umstände ihres Erzähltwerdens lebendig sind, ebenso ist der Erfahrungsgehalt dieser Geschichten Bestandteil der Gegenwart von Mandi.

In der folgenden Episode haben die drei Freunde Durst, aber kein Geld. Harry erinnert sich des Weins im Keller eines Nachbarn.
Eine Überblendung führt aus der Situation, in der sie den Einbruch erwägen, geradenwegs in den Keller, wo Harry sich abmüht, über den Verschlag zu klettern. Die Überblendung verbindet nicht nur zwei Schauplätze, sondern sie realisiert in gedrängter, fast gewaltsamer Weise, den Schritt vom Gedanken zur Tat. Sie überrascht den Zuschauer, der sich noch gar nicht sicher war, ob es wirklich so weit kommt.

»Das Blenden ist ein rein subjektiver, also ein rein geistiger Ausdruck der Kamera.« (Béla Balázs)
Was sie an dieser Stelle frei aus sich gestaltet – man empfindet das Überblenden als relativ schnell – ist die unerbittliche Konsequenz in der Verkettung von Motiv (Langeweile, Geldmangel), Idee von Harry, und Hineintreten dieser Idee in die Wirklichkeit.
Eine Konsequenz, der die drei Burschen *unterliegen*.
Hinterher betrinken sie sich und knacken einen Automaten. Dabei wird Harry von der Polizei erwischt.

Der Film vermittelt gesellschaftliche Widersprüche als Erfahrung der Jugendlichen. Eine Erfahrung, die weder von Resignation bestimmt ist, noch vom abstrakten Willen, diese Widersprüche aufzuheben, die Gesellschaft zu verändern. Vielmehr von dem elementaren Bedürfnis nach Selbstbestätigung durch die Integration in den produktiven Arbeitsprozeß.
Wenn Franz bei der Berufsberatung als seine Hobbys nennt: »Kartenspielen. Und viel Sport«, dann klingt das wie: ›ich weiß schon, was ich will und was im Augenblick möglich ist. Ich bin zufrieden, wenn ich irgendwas Handwerkliches lernen kann‹.

Zu Hause sagt er seiner Mutter die Telefonnummern der Kleinbetriebe an, die sie von der Berufsberatung bekommen haben. Die Prozedur des Ablesens / Ansagens / Wählens / und Vorbringens der Frage nach einer Lehrstelle vermittelt die ganze Nachdrücklichkeit ihres gemeinsamen Hoffens, daß es beim nächsten Mal klappt.

Mit der vorletzten, einer Installationsfirma, haben sie Glück. Beide freuen sich, und Franz geht ins Wirtshaus, um es den andern zu erzählen.

Der dreifach gegliederte Aufbau dieser Sequenz:
Berufsberatung – Telefonieren – Kneipe
ist einerseits begründet im Handlungskontinuum. Die emotionale Linie verläuft insofern nach oben, gipfelnd im erfolgreichen Anruf. Danach Ent-Spannung der Situation in der Kneipe.

Gleichzeitig bewirkt die Konzentration in allen drei Teilen auf das subjektive Bedürfnis nach Arbeit den Effekt einer Reihung, der Variation dieses einzigen Motivs, so daß die Handlungsfolge transparent wird für dessen verallgemeinerten Ausdruck.

Dasselbe passiert nachher im dreifach untergliederten Beginn des ersten Arbeitstages:
– die passable Autorität des Chefs, der den Lehrling mitten in einer großen Lagerhalle freundlich begrüßt;
– die herzliche Kameradschaft des Lkw-Fahrers; die gute Laune und das Flachsen mit ihm auf der Fahrt zur Baustelle;
– im Bauwagen die Geste des erwachsenen Kollegen, der Franz für die Brotzeit eine Zigarette daläßt. –
Es sind drei Etappen auf dem Weg zum Anfang, die Franz signalisieren, daß man ihm, als Anfänger, hier nicht herablassend begegnet, sondern ihn ernstnimmt und anerkennt.

Gleichzeitig scheint durch dieses allen Bestandteilen dieser Handlungsfolge gemeinsame Motiv, in pathetischer Überhöhung, ein Bild hindurch, das die umfassendere Solidarität der Arbeiter zum Gegenstand hat.

Etwas Utopisches haftet dem Schluß des Filmes an. Dieses Utopische jedoch ist kein Produkt der Phantasie, sondern »das geheime Signal des Kommenden«, das aus der Wirklichkeit hervorleuchtet.

Die große Lehrwerkstätte erschien als das Pendant in der Praxis zur staatlichen Lernschule. Merkwürdigerweise ist es die Struktur des Kleinbetriebs, mit der Kolonne auf dem Bau, welche – durch die analoge Größenordnung zur Familie – das Gefühl für eine zu ihr alternative Kollektivität vermittelt.

Im Meister als Vaterfigur ist das Bild einer Autorität festgehalten, die sich aus der organischen Verbindung mit der produktiven gesellschaftlichen Arbeit herleitet. Aus seinem Verhalten gegenüber Franz ersteht die Vorstellung von einer Gesellschaft, die anstelle der mittelbaren Erziehung in der isolierten Familie, mit ihrem kleinbürgerlichen Ideal des individuellen Vorwärtskommens, die unmittelbare gesellschaftliche Erziehung setzt; an die Stelle der moralischen Instanz das Kollektiv, welches Probleme praktisch löst.

Franz wird vom Meister gelobt und nützt seine gute Position gleich dazu aus, um auch Harry im selben Betrieb zu einer Lehrstelle zu verhelfen. Im Rahmen der Story tut er das aus schlechtem Gewissen und aus Freundschaft, weil Harry ihn bei der Polizei nicht verraten hat. Indessen verbindet sich mit seinem Handeln gleichzeitig die Vorstellung von einer Arbeitsorganisation, in der Erfolgserlebnisse soziale, statt egoistische Impulse auslösen.

1 Edwin Hoernle. Grundfragen proletarischer Erziehung. Frankfurt am Main 1973. S. 37.

2 H. M. in: Frankfurter Rundschau 27. 2. 1976.

3 Vgl. Filmkritik 2/76. Nr. 230, 20. Jg., Februar 1976. München. S. 76 ff: Nachbarschaftskino. Ein Gespräch, in dem es um die Reaktionen von Jugendlichen auf Filme geht.

4 Walter Benjamin: Das Kunstwerk im Zeitalter seiner technischen Reproduzierbarkeit. Frankfurt a.M. 1963. S. 46.

5 Bertolt Brecht: Der Dreigroschenprozeß. Zit. n. Walter Benjamin. a.a.O. S. 56. – Zu dem gesamten Komplex: Laiendarsteller, Publikumsgeschmack, individuelle und kollektive Rezeption von Kunstwerken, vgl. die beiden Werke von Benjamin und Brecht.

Vorspanndaten

La prise du pouvoir par Louis XIV
(Die Machtergreifung Ludwigs XIV.)

Frankreich 1966

Produktion:	ORTF (Französisches Fernsehen)
Produktionsleitung:	Pierre Gout
Künstlerische Beratung:	J. D. de la Rochefoucauld
Regie:	*Roberto Rossellini*

Buch:	Jean Gruault und Jean-Dominique de la Rochefoucauld (im Vorspann nicht erwähnt), nach einer Story von Philippe Erlanger
Kamera:	Georges Leclerc, Jean-Louis Picavet
Bauten:	Maurice Valay
Kostüme:	Christiane Coste
Maske:	Nadine Jouve
Musik:	Komponisten des 17. Jahrhunderts. Musik arrangiert von Betty Willemetz.
Schnitt:	Armand Ridel
Ton:	Jacques Gayet

Darsteller: Jean-Marie Patte (Louis XIV), Raymond Jourdan (Colbert), Silvagni (Mazarin), Katharina Renn (Anna von Österreich), Dominique Vincent (Mme du Plessis), Pierre Barrat (Fouquet), Fernand Fabre (Le Tellier), Françoise Ponty (Louise de la Vallière), Joelle Laugeois (Marie-Thérèse), Jacqueline Corot (Mme Henriette), Maurice Barrier (D'Artagnan), François Mirante (Monsieur de Brienne), André Dumas (Père Joly), Pierre Spadoni (Noni), Roger Guillo (Apotheker), Louis Raymond (erster Arzt), Maurice Bourdon (zweiter Arzt), Michel Ferre (Monsieur de Gesvres), Raymond Pelissier (Pomponne), Michèle Marquais (Mme de Motteville), Guy Pintat (Küchenchef), Jean-Jacques Dubin (Monsieur de Vardes), Georges Goubert (Monsieur de Soyecourt), Pierre Pernet (Bruder des Königs),

Claude Rio (Vardes), Daniel Dubois (Lionne), Ginette Barbier (Pierrette Dufour), Jean Obe (Le Vau), Jacques Charby (Le Vaus Assistent), Micheline Muc (Mademoiselle de Pons), Michel Debranne (der Schneider), René Rabault (Monsieur de Gramont), François Bernard (Erzbischof), Georges Spanelly (Séguier), Jean Soustre (Monsieur de Guiche), Axel Ganz (der Gesandte), Jean-Jacques Leconte (erster Kammerherr), Violette Marceau (Mademoiselle de Chemerault), Paula Dehelly (Mme d'Elboeuf), Jacques Preboist (erster Musketier), Robert Cransac (zweiter Musketier), André Daguenet (Schiffer), Françoise Deville (Frau), Pierre Frag, Marc Fraiseau und Jean Coste (Matrosen), Pierre Lepers (Geistlicher), Rita Maiden (Landfrau), Hélène Manesse (die Najade), Jean-Claude Charnay (der Bote).
Teilnehmer der Treibjagd:
Rallye Boissiere
M. le Marquis de Brissac
M. le Vicomte de Chabot

Farbe:	Eastmancolor
Länge:	100 Minuten

(Nach Film-Kopie, sowie: José Luis Guarner: Roberto Rossellini. London 1970.)
Kopie: WDR (Sendung im 3. Programm Nord am 20. 12. 1975)

Nowyj Wawilon
(Das neue Babylon)

Sowjetunion 1929

Produktion:	Sowkino Leningrad
Berater:	A. Molok
Regie-Assistenz:	S. Bartenjew, S. Gerassimow
2. Regie-Assistenz:	M. Jegorow, S. Schkljarskij
Buch und Regie:	*Grigori M. Kosintzew und Leonid S. Trauberg*
Kamera:	A. Moskwin
Bauten:	E. Enej
Musik:	Dimitri Schostakowitsch

Darsteller: E. Kusmina (Louise Pouaret, Verkäuferin), P. Sobolewskij (Jean, Soldat),
D. Gutman (Besitzer des Warenhauses »Das Neue Babylon«), S. Magarill
(Schauspielerin), S. Gerassimow (Lutreau, Journalist), S. Gusew (der alte
Pouaret), J. Schejmo (Thérèse, Modistin), A. Gluschkowa (Wäscherin), E.
Tscherwjakow (Soldat der Nationalgarde), A. Kostritschkin (der leitende
Angestellte), A. Sarschizkaja (Mädchen auf der Barrikade), W. Pudowkin
(Angestellter), O. Schakow, L. Semenowa, A. Arnold.

(Nach: Der sowjetische Film I. 1930–1939. Eine Dokumentation. Hrsg. vom Verband
der deutschen Filmclubs e.V. anläßlich der Retrospektive Bad Ems 1966. o.O.)
Kopie: DFFB-Filmarchiv

La Marseillaise

Frankreich 1938

Produktion:	Société de Production et d'Exploitation du Film »La Marseillaise«
Produzenten:	C.G.T. (André Zwoboda), Marc Maurette
Administration:	Louis Joly
Innenaufnahmen:	Billancourt Studios
Außenaufnahmen:	Provence, Alsace, Fontainebleau, Haute Provence, Antibes
Regie-Assistenz:	Jacques Becker, Claude Renoir (Neffe von Jean Renoir), Jean-Paul Le Chanois, Claude Renoir (Bruder von Jean Renoir), J. P. Dreyfus, Demazure, Maurette, Corteggiani
Regie:	*Jean Renoir*
Buch:	Jean Renoir, mit der Unterstützung von Carl Koch, sowie N. Martel-Dreyfus für die historischen Details
Kamera:	Jean Louis
	Jean-Serge Bourgoin, Alain Douarinou, Jean-Marie Maillols, Jean-Paul Alphen
Bauten:	Léon Barsacq, Georges Wakhevitch, Jean Périer
Kostüme:	Granier

Roben
von Marie-Antoinette: Chanel
Perücken: Vivant
Frisuren und Make-up: Burton, Pierromax
Alte Musik: Lalande, Grétry, Rameau, Mozart, Bach, Rouget de Lisle
Neue Musik: Sauveplan, Joseph Kosma
Schnitt: Margueritte (= M. Renoir), Marthe Huguet
Ton: Joseph de Bretagne, Jean-Roger Bertrand, J. Demede
Schattentheater: Lotte Reiniger

Darsteller: Der Hof:
Pierre Renoir (Louis XVI), Lise Delamare (Marie-Antoinette), Léon Larive (Picard, Ludwigs XVI. Kammerdiener), William Aguet (La Rochefoucauld-Liancourt), Elisa Ruis (Mme de Lamballe), G. Lefebvre (Mme Elisabeth)
Die zivilen und militärischen Autoritäten:
Louis Jouvet (Roederer), Jean Aquistapace (Der Bürgermeister des Dorfes), Georges Spanelly (La Chesnaye), Jaque Catelain (Langlade), Pierre Nay (Dubouchage), Edmond Castel (Leroux)
Die Aristokraten:
Aimé Clariond (Saint-Laurent), Maurice Escande (Der Grundherr des Dorfes), André Zibral (Saint-Méry), Jean Aymé (Fougerolles), Irène Joachim (Mme de Saint-Laurent)
Die Marseiller:
Andrex (Arnaud), Charles Blavette, dann Edmond Ardisson (Bomier), Jean-Louis Allibert (Moissan), Paul Dullac (Javel), Fernand Flament (Ardisson), Georges Péclet (ein Marseiller Führer), Géo Dorlys (ein Marseiller Führer), Géo Lastry (Hauptmann Massugue), Adolphe Autran (der Tambour), Alex Truchy (Cuculière)
Das Volk:
Nadia Sibirskaia (Louison), Jenny Hélia (Die Interpellantin), Edouard Delmont (Cabri), Séverine Lerzinska (Bauersfrau), Edmond Beauchamp (der Pfarrer), Gaston Modot (ein Freiwilliger), Julien Carette (ein Freiwilliger), Marthe Marty (Bomiers Mutter), Roger Pregor, Pierre Ferval, Fernand Bellon, Jean Boissemond, Pamela Stirling, Blanche Destournelles, Lucy Kieffer

Länge: 135 Minuten

(Nach Filmkopie, sowie nach Leo Braudy: Jean Renoir. New York 1972. André Bazin: Jean Renoir. Paris 1971.)
Kopie: Stiftung Deutsche Kinemathek

Leider von schlechter Qualität, da von einer 35 mm-Nitro-Kopie auf 16 mm umkopiert. Eine 35 mm-Kopie besitzt das Münchner Stadt-Museum, Abteilung Film.

To be or not to be
(Sein oder Nichtsein)

USA 1942

Produktion:	Romaine Film
	Ernst Lubitsch
Deutscher Verleih:	Lupe GmbH Göttingen
Produktionsleitung:	Alexander Korda
Produktionsentwurf:	Vincent Korda
Herstellungsleitung:	Walter Mayo
Technische Überwachung:	Richard Ordynski
Spezialeffekte:	Lawrence Butler
Besetzung:	Victor Sutker
Regie-Assistenten:	William Tummel, William Mc Garry
Regie:	*Ernst Lubitsch*
Buch:	Edwin Justus Mayer
	nach einer Idee von Melchior Lengyel und Ernst Lubitsch
Kamera:	Rudolph Maté, A.S.C.
Co-Ausstatter:	J. MacMillan Johnson
Bauten:	Julia Heron (Innendekoration) und Vincent Korda
Kostüme	
von Carole Lombard:	Irene
Make-up:	Gordon Bau
Musik:	Werner R. Heymann
Schnitt:	Dorothy Spencer
Ton:	Frank Maher

Darsteller: Jack Benny (Joseph Tura), Carole Lombard (Maria Tura), Robert Stack (Fliegerleutnant Stanislav Sobinski), Felix Bressart (Greenberg), Lionel Atwill (Rawitsch), Stanley Ridges (Prof. Siletzsky), Sig Ruman (Oberst Ehrhardt), Tom Dugan (Bronski), Charles Halton (Theaterdirektor Dobosch), George Lynn (Regieassistent), Henry Victor (Hauptmann Schultz), Maude Eburne (Anna), Armand Wright (Maskenbildner), Erno Verebes (Inspizient), Halliwell Hobbes (General Armstrong), Miles Mander (Major Cunningham), Leslie Dennison (Hauptmann), Frank Reicher (Beamter), Peter Caldwell (William Kunze), Wolfgang Zilzer (Mann im Buchladen), Olaf Hytten (Polonius in Warschau), Charles Irwin, Leland Hodgson (zwei Reporter), Alec Craig, James Finlayson (zwei Bauern), Edgar Licho (Souffleur), Robert O. Davis (Wachtmeister der Gestapo), Roland Varno, Helmut Dantine, Otto Reichow, Maurice Murphy, Gene Rizzi, Paul Barrett, John Kellogg (Piloten).

Länge: 98 Minuten

(Nach Filmkopie, sowie: Filmhistorische Vorführungen der Internationalen Filmfestspiele Berlin 1968. Berlin 1968.)
Kopie: DFFB-Filmarchiv

Nicht versöhnt
oder Es hilft nur Gewalt, wo Gewalt herrscht

von Danièle Huillet und Jean-Marie Straub
nach dem Roman ›Billard um halbzehn‹ von Heinrich Böll

Bundesrepublik Deutschland 1963

Produktion: Straub-Huillet (München)
Deutscher Verleih: Freunde der Deutschen Kinemathek Berlin
Produzenten: Danièle Huillet, Jean-Marie Straub
Produktionsleitung: Danièle Huillet

Assistenz:	M. D. Willutzki, Uschi Fritsche
Technik:	Herbert Martin
Assistenz:	Charlie Putzgruber, Hartmut Koldewey, Wilhelm Eschweiler
Regie:	*Jean-Marie Straub*
Buch:	Jean-Marie Straub, nach dem Roman ›Billard um halbzehn‹ von Heinrich Böll
Kamera:	Wendelin Sachtler
	Gerhard Ries, Christian Schwarzwald, Jean-Marie Straub
	Negativ: KODAK xx Rochester, N.Y. USA
	Blenden: Bavaria Trick-Atelier
	Lichtbestimmung: R. Iblherr, D. Kein
Musik:	unter der Leitung von François Louis, Genf; Béla Bartok (Sonate für zwei Klaviere und Schlagzeug: 1. Satz, Takte 1–10); Johann Sebastian Bach (Suite Nr. 2 in H-moll, BWV 1067: Ouverture).
Schnitt:	Jean-Marie Straub und Danièle Huillet
Ton:	Lutz Grübnau und Willi Hanspach
	Neumann Kondensator-Kleinmikrophon KM 56
	Mischung: Paul Schöler, Aventin München

Darsteller: Heinrich Hargesheimer (Heinrich Fähmel, mit 80 Jahren), Chargesheimer (Heinrich Fähmel, mit 30–35), Martha Ständner (Johanna Fähmel, mit 70), Danièle Straub (Johanna Fähmel als junge Frau), Henning Harmssen (Robert Fähmel, mit 40), Ulrich Hopmann (Robert Fähmel, mit 18), Joachim Weiler (Joseph Fähmel), Eva-Maria Bold (Ruth Fähmel), Hiltraud Wegener (Marianne), Ulrich von Thüna (Schrella, mit ca. 35), Ernst Kutzinski (Schrella, mit 15), Heiner Braun (Nettlinger, mit 35–40), Georg Zander (Hugo/Ferdinand Progulske), Erika Brühl (Edith), Werner Brühl (Trischler), Helga Brühl (Frau Trischler), Lutz Grubnau (1. Abt). Martin Trieb (2. Abt), Karl Bodenschatz (Hotelportier), Wendelin Sachtler (Mull), Anita Bell (alte, kartenspielende Frau), Margrit Borstel (Strümpfe strikkende Blondine), Eduard von Wickenburg (M), Huguette Sellen (Sekretärin von Robert);

ferner: Jochem Grüner, Günter Göbel, Peter Berger, Klaus Weyer, Eberhard Ellrich, Norbert Pritz, Bernd Wagner, Michael Krüger, Joseph Vollmert, Dieter Hornberg, Egbert Meiers, Ralf Kurth, Jürgen Beier, Michael Holy, Engelbert Greis, Wolfgang Kück, Herbert Gammersbach, Rolf Buhl, Peter Kneip, Gerd Lenze, Erdmann Dortschy, Piero Poli, Diana Schlesinger, Karin Kraus, Claudia Wurm, Frouwke van Herwynen, Ise Maassen, Dagmar von Netzer, Hartmut Kirchner, Jürgen Kraeft, Achim Wurm, Max Dietrich Willutzki, Hannelore Langhoff, Johanna Odry, Günther Becker,

Willy Bruno Wange, Stefan Odry, Paul Esser, Hans Zander, Walter Brenner, Rudolf Thome, Claudio Domberger, Hans Schönberger, Karsten Peters, Kai A. Niemeyer, Franz Menzel, Kim Sachtler, Walter Talmon-Gros, Joe Hembus, Max Zihlmann, Maurie Fischbein, Christel Meuser, Kathrin Bold, Anni Lautner, Johannes Buzalski, Gottfried Bold, Victor von Halem, Beate Speith.

Länge: 100 Minuten

(Nach Filmkopie, sowie nach Richard Roud: Straub. London 1971.)
Kopie: DFFB-Filmarchiv

Geschichten von Franz und seinen Freunden

Bundesrepublik Deutschland 1975

Produktion: SDR und WDR
Redaktion: Dr. Elisabeth Schwarz, Werner Schretzmeier (SDR), Peter Rüchel (WDR)
Verleih: Atlas, Duisburg
Regie: *Gloria Behrens*

Buch: Gloria Behrens unter Mitarbeit der
                   Darsteller: Franz Schindler (Franz), Harry Weiß (Harry), Alfred Wildgruber (Fredi), Herbert Schindler (Herbert), Fritz Högerl (Fritzi), Georg Herrnberger (Mandi), Claus Vogl, Engelbert Braun, Olga Gäck (Mutter) und Leo Borchard;
Kamera: Leo Borchard
Ton: Andreas Köbner
Schnitt: Marlis Braun

Weiter Darsteller:	Jörg Hube (Ausbildungsleiter), Joseph Moosholzer (Vater), Oswald Eckmüller (Baustellenmeister), Karl Obermayr (Lagerverwalter), Berry Behrens (Chef), Willi Winkelmaier (Lastwagenfahrer), Wolfgang Götzfried (Wirt) und Freunde der Jugendlichen
Farbe und Format:	16 mm KODAK Negativ
Länge:	4 Teile mit insgesamt 115 Minuten

Nachbemerkung

Von denen, die meine Arbeit beeinflußt und gefördert haben, danke ich besonders: Helmut Färber, Harun Farocki, Rainer Gansera, Friedrich Krabbe, Herbert Linder und Eberhard Ludwig.

Desgleichen gilt mein Dank für wertvolle Hilfe und freundlich-positive Unterstützung: Hartmut Bitomsky, Joachim von Mengershausen, Jörg Papke, der Deutschen Film- und Fernsehakademie Berlin (vor allem Herrn Hans Helmut Prinzler) und der Stiftung Deutsche Kinemathek Berlin (Herrn Heinz Degner und Herrn Peter Schulz).

DuMont Dokumente: Gesamtübersicht

Adriani, Götz
Deutsche Malerei im 17. Jahrhundert

Albers, Josef
Interaction of Color
Grundlegung einer Didaktik des Sehens

Albrecht, Hans Joachim
Skulptur im 20. Jahrhundert
Raumbewußtsein und künstlerische Gestaltung

Arnheim, Rudolf
Anschauliches Denken
Zur Einheit von Bild und Begriff

Badt, Kurt
Eugène Delacroix
Werke und Ideale. Drei Abhandlungen

Baumeister, Willi
Das Unbekannte in der Kunst

Baumgart, Fritz
DuMont's Kleine Kunstgeschichte

Baumgart, Fritz
Renaissance und Kunst des Manierismus

Baumgart, Fritz
Stilgeschichte der Architektur

Baumgart, Fritz
Vom Klassizismus zur Romantik 1750–1832
Die Malerei im Jahrhundert der Aufklärung,
Revolution und Restauration

Baumgart, Fritz
Idealismus und Realismus 1830–1880
Die Malerei der bürgerlichen Gesellschaft

Brauneck, Manfred
Religiöse Volkskunst
Votivgaben – Andachtsbilder – Hinterglas –
Rosenkranz – Amulette

Braunfels, Wolfgang
Abendländische Stadtbaukunst
Herrschaftsform und Baugestalt

Braunfels, Wolfgang
Abendländische Klosterbaukunst

Eckstein, Hans
Die Romanische Architektur
Der Stil und seine Formen

Fry, Edward
Der Kubismus

Grabar, Oleg
Die Entstehung der Islamischen Kunst

Gray, Camilla
Das große Experiment
Die russische Kunst 1863–1922

Grimme, Ernst Günther
Goldschmiedekunst im Mittelalter
Form und Bedeutung des Reliquiars
von 800 bis 1500

Hartmann, Richard P.
Malerei aus dem Bereich des Unbewußten
Künstler experimentieren unter LSD

Helfritz, Hans
Entdeckungsreisen in Süd-Arabien
Auf unbekannten Wegen durch Hadramaut
und Yemen (1933–1935)

Hofmann, Werner
Nana
Mythos und Wirklichkeit

Hofstätter, Hans H.
**Geschichte der europäischen
Jugendstilmalerei**
Ein Entwurf

Hofstätter, Hans H.
**Symbolismus und die Kunst
der Jahrhundertwende**

Jähnig, Dieter
Welt-Geschichte: Kunst-Geschichte
Studien zum Verhältnis von Vergangenheits-
erkenntnis und Veränderung

Jaffé, Hans L. C.
Mondrian und De Stijl

DuMont Dokumente: Gesamtübersicht

Klee, Felix (Hrsg.)
Paul Klee Tagebücher 1898–1918

Kultermann, Udo
Die Architektur im 20. Jahrhundert

Küppers, Harald
DuMont's FARBEN-ATLAS

Lach, Friedhelm
Der Merz-Künstler Kurt Schwitters

Lebel, Robert
Marcel Duchamp
Von der Erscheinung zur Konzeption

Leuner, Barbara
Emotion und Abstraktion im Bereich der Künste
Ein Sammlung psychodynamischer Studien

Maenz, Paul
Art Deco 1920–1940
Formen zwischen zwei Kriegen

Malewitsch, Kasimir
Suprematismus
Die gegenstandslose Welt

Metken, Günter
Die Präraffaeliten
Ethischer Realismus und Elfenbeinturm
im 19. Jahrhundert

Moles, Abraham A.
Informationstheorie und ästhetische Wahrnehmung

Nau, Peter
Zur Kritik des politischen Films
Sechs analysierende Beschreibungen und ein
Vorwort »über Filmkritik«

Emil Nolde Mein Leben
Herausgegeben von der Stiftung Seebüll
Ada und Emil Nolde

Pawlik, Johannes (Hrsg.)
Goethe Farbenlehre
Didaktischer Teil
Textauswahl mit einer Einführung
und neuen Farbtafeln

Pawlik, Johannes
Theorie der Farbe
Eine Einführung in begriffliche Gebiete
der ästhetischen Farbenlehre

Pawlik, Johannes / Straßner, Ernst
Bildende Kunst
Begriffe und Reallexikon

Petzet, Heinrich W.
Heinrich Vogeler
Von Worpswede nach Moskau – Ein Künstler
zwischen den Zeiten

Pevsner, Nikolaus
**Der Beginn der modernen Architektur
und des Design**

Popper, Frank
Die Kinetische Kunst
Licht und Bewegung – Umweltkunst und
Aktion

von Reden, Sybille
Die Megalith-Kulturen
Zeugnisse einer verschollenen Urreligion
Großsteinmale in Andalusien – Bretagne –
Irland – Korsika – Malta – Sardinien –
Stonehenge

Richter, Hans
Dada – Kunst und Antikunst
Der Beitrag Dadas zur Kunst des
20. Jahrhunderts

Rose, Barbara
Amerikas Weg zur modernen Kunst
Von der Mülltonnenschule zur Minimal Art

Rotzler, Willy
Objekt-Kunst
Von Duchamp bis zur Gegenwart

Sager, Peter
Neue Formen des Realismus
Kunst zwischen Illusion und Wirklichkeit

Selle, Gert
**Die Geschichte des Design in Deutschland
von 1870 bis heute**
Entwicklung der industriellen Produktkultur

Schreiber, Mathias
Kunst zwischen Askese und Exhibitionismus

DuMont Dokumente: Gesamtübersicht

Schubert, Dietrich
Von Halberstadt nach Meißen
Bildwerke des 13. Jahrhunderts in Thüringen,
Sachsen und Anhalt

Stützer, Herbert Alexander
Die Italienische Renaissance

Tausk, Petr
**Die Geschichte der Fotografie
im 20. Jahrhundert**
Von der Kunstfotografie bis zum
Bildjournalismus

Thomas, Karin
**Bis Heute: Stilgeschichte der bildenden
Kunst im 20. Jahrhundert**

Vogt, Paul
**Geschichte der deutschen Malerei
im 20. Jahrhundert**

Waldberg, Patrick
Der Surrealismus

Wescher, Herta
Die Geschichte der Collage
Vom Kubismus bis zur Gegenwart

DuMont Dokumente – Graphik

Adriani, Götz
Toulouse-Lautrec
Das gesamte graphische Werk

Boeck, Wilhelm (Hrsg.)
Picasso   Zeichnungen

Dieterich, Anton (Hrsg.)
Goya – Visionen einer Nacht
Zeichnungen

Geelhaar, Christian
Paul Klee   Zeichnungen
Reise ins Land der besseren Erkenntnis

Haak, Bob (Hrsg.)
Rembrandt   Zeichnungen

van Uitert, Evert
Vincent van Gogh   Zeichnungen

Volboudt, Pierre (Hrsg.)
Die Zeichnungen Wassily Kandinskys

DuMont Dokumente – Archäologie

Gutbrod, Karl
**DuMont's Geschichte der frühen Kulturen
der Welt**

DuMont Dokumente – Musik

Kostelanetz, Richard (Hrsg.)
John Cage

Schnebel, Dieter
Denkbare Musik
Schriften 1952–1972

Schnebel, Dieter
Mauricio Kagel   Musik Theater Film

Schnebel, Dieter (Hrsg.)
Karlheinz Stockhausen
Texte zur elektronischen und
instrumentalen Musik
Band 1: Aufsätze 1952–1962 zur Theorie des
Komponierens

Karlheinz Stockhausen
Texte zu eigenen Werken, zur Kunst Anderer,
Aktuelles
Band 2: Aufsätze 1952–1962
zur musikalischen Praxis

Karlheinz Stockhausen
Texte zur Musik 1963–1970
Band 3: Einführungen und Projekte, Kurse,
Sendungen, Standpunkte, Nebennoten

Alle Bände zwischen etwa 100 und 500 Seiten
mit reichem, z. T. farbigem Abbildungsteil.
Meist auch mit ausführlichem Register und
Literaturverzeichnis.

Bücher in der Reihe studio dumont:

Filmbuch Science Fiction
Von Jürgen Menningen. 190 Seiten mit 12 farbigen und 307 einfarbigen Abbildungen, Filmographie, Bibliographie, kartoniert
»Es ist ein seltenes und erstaunlich vielfältiges Bildmaterial, mit dem Menningen Rückschau hält: Aushangphotos, Filmplakate, Produktionszeichnungen, Comics, alte Illustrationen und Taschenbuchtitel, wohltuend sparsam und präzise kommentiert von Literaturpassagen, Medienanalysen und Zitaten. Ein nützliches Nachschlagewerk zudem, denn im Anhang führt eine Filmographie sämtliche nach 1945 in der Bundesrepublik gezeigten Science-Fiction-Filme alphabetisch auf.«   *Die Zeit*

Anamorphosen
Ein Spiel mit der Wahrnehmung, dem Schein und der Wirklichkeit
Von Fred Leemann. Idee, Produktion und Fotografie von Joost Elffers und Mike Schuyt. 166 Seiten mit 20 Farbtafeln und 120 einfarbigen Abbildungen, Spiegelfolie beiliegend, kartoniert
»Ein Kunstband zum Spielen – mit Zaubertricks und Illusionen. Aber auch ein nützliches Sachbuch für eine Spielerei, die einmal mehr war: Raumillusion und Kunst in einem.«
Süddeutscher Rundfunk

Show Freaks & Monster
Von Hans Scheugl. Sammlung Felix Adanos. 188 Seiten mit 12 farbigen und 307 einfarbigen Abbildungen, Filmographie, Bibliographie, kartoniert
»Hans Scheugl hat ein Bilder-Buch zusammengestellt, das über dreihundert teils berühmte, teils namenlose Abnormitäten aus der Vergangenheit mit ausführlichen historiographischen Erläuterungen vorführt, eine Fotogalerie, die zum Nachdenken bewegt: über Medizinisches, Psychologisches und anderes.«   *Westdeutscher Rundfunk*

Der Palace Pier in Brighton
Von Katharina Sattler und Ursula Schulz-Dornburg. 64 Seiten mit 52 einfarbigen Abbildungen und 10 Zeichnungen, kartoniert
»Der wohlerhaltene Palace Pier ist ein Beispiel spätviktorianischer Baukunst. Durch die unbekümmerte Mischung von Stilelementen entstand eine schwimmende Traumstadt, der die Fotografin viele bisher unbeachtete Details abgewonnen hat.«   *Rheinische Post*

Mauern
Deidi von Schaewen. Mit Texten von Rilke, Ginsburg, de Chirico, Corso u. a. 160 Seiten mit 23 Farb- und 146 Schwarzweiß-Fotos, kartoniert
Die sensible Fotografin Deidi von Schaewen erschließt die Poesie städtischer Mauer-›Landschaften‹, verwitterter, baufälliger oder mit Reklamebildern bemalter Häuserwände und Abbruchmauern, die – täglich von uns übersehen – hier aus der Anonymität des Alltags gehoben werden.

Stadt und Zeichen
Lesearten der täglichen Umwelt
Von Horst Schmidt-Brümmer und Andreas Schulz. 192 Seiten mit 6 farbigen und 385 einfarbigen Abbildungen, kartoniert
»Der Bildvergleich ist einer der möglichen Schritte, die Elemente und Zeichenhaftigkeit der eigenen städtischen Umwelt fast spielerisch zu studieren. Die Autoren haben nun diese Erkenntnis am konkreten Beispiel Köln systematisch und überzeugend aufbereitet. Ein lehrreicher Band, der schon beim Durchblättern fasziniert.«   *Hessische Allgemeine Zeitung*